発達障害・グレーゾーン かもしれない人のための コミュ力《りょく》

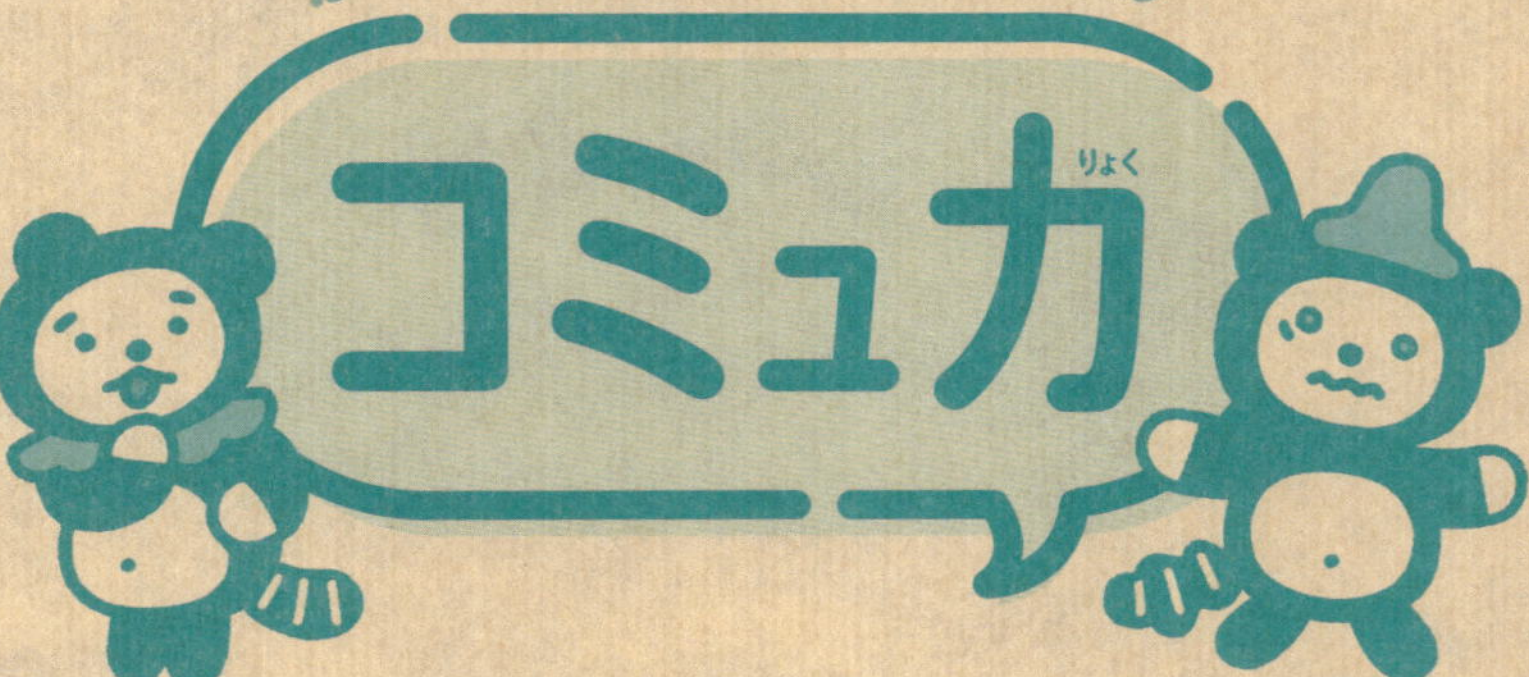

中村郁
Iku Nakamura

大和書房

prologue

なぜ、わたしたちには「いい感じ」の人間関係がむずかしい？

知っておきたい！　わたしたち
「ぐちゃぐちゃ人間」の特徴

「コミュ障」だったわたしが、のべ11万5000人の心をつかめるようになったわけ

コミュニケーション、と聞くと、どのようなイメージを描きますか？

楽しい！　うれしい！　ワクワクする！

面倒くさい、難しい、憂うつになる……。

あなたはどちらでしょうか？

わたしは、幼い頃からおとなになるまで、完全に後者でした……。

□忖度《そんたく》ができないので、つい本音を正直に伝えてしまいがち

□よく「空気が読めない」と言われてしまう

□複数人での会話が苦手

□悪気なく、失礼なことを言ってしまう

□正義感を抑えられない

□思ったことを口に出さずにはいられない
□周りにうまく溶け込めないことがある
□人見知りが激しい
□人からマウントを取られやすい
□それまで仲が良かった人から、ＳＮＳをブロックされたことがある
□人前でも感情のコントロールが難しいことがある
□相手との「ちょうどいい距離感」がわからない

これらは、今までわたしが人と接するたびに、悩み苦しんできたことの一覧です。人間関係の難しさに頭を抱え、長年、人と向き合うことに恐怖を覚えながら過ごしてきました。
もし、この中に、あなたに少しでも当てはまるものがあったとしたら、ひょっとすると、発達障害、もしくはグレーゾーンなのかもしれません。

申し遅れました！　はじめまして。わたしは中村郁《いく》と申します。
普段は、声優・ナレーターとして、声を使い、ナレーションを読んだり、話をしたりす

るお仕事をして生活しています。

そんなわたしがなぜ、こうして本を書いているのか――。

それはわたしが、自閉スペクトラム症、注意欠如・多動症と診断された発達障害当事者であることに由来しています。

「発達障害」と聞くと、「え、自分には関係ないし！」と一歩引いてしまう方も多いのでは？ と思います。

しかし、発達障害は、今や珍しいものではありません。**現在、発達障害の診断が下りる日本人は急増しています。**

文部科学省の調査では、日本の小学生の約10人に1人が発達障害であることがわかっています。また最近では、大人になり、社会に出てから、自分が発達障害であることがわかるケースが増えてきています。

わたしの周りでも、発達障害の診断が下りる人が続出していますし、著名人やタレントさんの中にも、自分が発達障害であることを公表される方が増えていますよね。

「自分って、変なのかな？」と悩んだ子供時代

わたしは幼い頃から極度の「コミュ障」でした。

幼稚園の頃、友達と会話もせず、ずっと眉間《みけん》にシワを寄せているということで、先生たちから心配されたといいます。知らない子供たちの輪の中に入れられると、頭痛と吐き気をもよおしてしまう子供でした。

わたしは家庭の事情で祖母に育てられたのですが、祖母はそんなわたしを心配し、頭痛外来に連れて行ってくれました。その病院で脳の検査などもしてもらいましたが、原因はわからず。何の手も施《ほどこ》すことなく、わたしはおとなになりました。

わたしが自分のことを本格的におかしいのではないか、と思い始めたのは大学生の頃です。


友達ができないのです。


中学高校と一貫の女子校に通っていたため、6年も共に過ごしていればそれなりに友達もできましたが、大学はそんなわけにはいきません。

まず人数の多さが違う。授業もそれぞれ自分で選択し、自分で時間割を決めるので、毎回、同じ教室で同じ人が隣に座ることもありません。

友達をつくるためには自分から積極的に話しかけなければならず、当然、究極の「コミュ障」のわたしに友達はできませんでした。

このままでは、ひとりぼっちの大学生活になってしまう。そう思ったわたしは、軽音サークルに入りました。しかし、サークルに入っても周りの人と打ち解けることができず、飲み会の場では極度の緊張からお酒を飲み過ぎ、迷惑をかける行為を繰り返し、周りからは白い目で見られ、いつしか居場所がなくなり、幽霊部員に……。

3年生から始まったゼミでも、周りの人に馴染《なじ》むことができず、人間関係に必要以上の恐怖を感じ、続けることができなくなってしまいました。

なぜ、自分は普通に人と話すことができないのか。なぜ、普通の人が当たり前のように築いている人間関係をわたしは築くことができないのか……。

わたしは深く自分を責めるようになりました。

そうなると、もう負のスパイラル。大学に通うのが億劫《おっくう》になり、早々に単位だけ取り、3年4年になると、ほとんど通うことなく、卒業しました。

華やかな大学生活を夢見ていたのに、まったく楽しむことなく終わってしまったのです。

大学を卒業し、一人暮らしを始めたわたしでしたが、幾度となく公共料金の支払いを忘れました。電気やガスを止められることは日常茶飯事。

ある日、家に帰ると、電気もガスも止まっていました。真っ暗な部屋に入り、絶望的な気持ちになりながら懐中電灯をウロウロ探していると、足の小指を机にぶつけました。

その瞬間、わたしの中で何かが壊れました。

「こんなん、ぐちゃぐちゃ人間やん!!」

そう叫んだわたしでしたが、後々「ぐちゃぐちゃ」をテーマに書籍の執筆をしたり、発達障害の当事者会「ぐちゃぐちゃ頭の活かし方」という会を主宰することになったりと、皮肉にも「ぐちゃぐちゃ」とは縁深くなりました。人生は不思議なものだなあ……としみじみ思っている、今日この頃です。

当事者だからこそ作り上げることができた「人間関係の攻略本」

さて、そんなわたしですが、7年前に発達障害の診断を受けました。一緒にお仕事をしている番組のスタッフさんが「発達障害の検査をしてきた」とお話ししてくださったのが、病院を受診しようと思ったきっかけです。

長年、自分は少しおかしいのではないか？　普通ではないのではないか？　という疑問を抱いていたため、いつか病院に行こう、とは思っていましたが、なかなか勇気がわかず、一歩を踏み出すことができずにいました。

しかし、結果として、わたしは病院に行って診断を受けてよかった、と心から思っています。**心の底からホッとした**のです。

自分が普通の人のように振る舞えないこと、コミュニケーションが上手くとれないこと、物忘れが酷《ひど》すぎることなど、「自分はぐちゃぐちゃ人間だ！」と自分自身を責め続けていたことに、実はきちんとした理由があったからです。

わたしの「ぐちゃぐちゃ」はあくまで脳機能の問題であり、自分がダメなわけじゃなかった……。

それはわたしにとって大きな救いでした。

理由がわかれば対処ができます。

見えない相手には、太刀打ちできませんが、相手が見えれば対処できる。

工夫をしていけばいい！

そう思ったわたしは、自分の取扱説明書をつくり、自分自身の特性と徹底的に向き合い続けました。

そして今、わたしはなんと「コミュ力」を武器に、仕事を続けることができています。

もがきにもがいて、苦しみに苦しんだわたしだからこそ、身につけることができた「コミュ力」は、普通の人のやり方とは少し違うかもしれません。

発達障害を持つ人ならではの、究極の「コミュ力」は、わたしを仕事の成功へと導いてくれました。

人間関係で大切なことは、とてもシンプル

わたしの仕事はナレーションをすることです。ナレーション技術があることは大前提。一つの作品に、ナレーターはほぼ一人です。その少ない座席の奪い合いを、わたしたちナレーターは日々繰り返しています。

ナレーターの仕事は、降って湧いてくることはありません。毎回オーディションを受けたり、指名をいただいたりして、競争を勝ち抜いた人だけがナレーション現場に向かうことができます。

そんな中、わたしは、23年間仕事が途切れることなく、人気番組のナレーションを数々担当させていただいたり、ご指名をいただき、テレビCMなど、多くのナレーションをさせていただいたりしています。

ナレーションの業界では、ただうまいだけでは、生き残ることができません。

「この人とまた仕事がしたい、この人にまた会いたい」

そう思ってもらえるかどうかが、とても重要なのです。

どんなにナレーションがうまくても、失礼な人は二度と呼ばれません。また、失礼なことをしなくても、相手の印象に残らなければ、次の作品は別の人になることも大いにありえます。

つまり、**その人の持つ「人間力」が、仕事の有無、継続の大きなファクターとなっているのです。**

「コミュ障」から「また会いたいと思われる人」へ

事務所に所属したとき、社長からこのようなお話を聞かせてもらいました。

「現場でファンをつくりなさい。また会いたいと思われる人になりなさい」

わたしはこの言葉を、ずっと心の中に大切に抱き続けています。

わたしたちナレーターは毎日決まった職場に通うのではありません。様々な現場に向かい、毎回名刺交換から新しい関係をスタートさせ、仕事をします。

その中で、わたしは年間およそ５０００人と会話をしており、23年間そのような生活を続けてきました。つまりわたしは、ナレーター人生でこれまで、のべ11万5千人の方と関わってきたのです。

作品の長さにもよりますが、ナレーションの収録にかかる時間は、およそ2時間以内。**「はじめまして」から現場を終えるまでの短い時間の中で、どれだけ自分のことを好きになってくれる人をつくれるか。**

これが、ナレーター人生を長く続けられるかどうかの肝となります。

誰にでもできるのに、ほとんどの人がしていない「ちょっとしたこと」

そのためにやらなければならないのは、何か。

自分をアピールすることが重要、なわけでも、流暢に会話することが大切なわけでも、ましてや相手にごまをすること、でもありません。

本当に大切なことは……、

それは本書の中に、すべて包み隠さず書きました。

極度の「コミュ障」だったわたしが、なぜこんなに変わることができたのか。

それは発達障害の特性を持つ自分ならではの「人間関係の攻略本」をつくり、実践してきたからです。

大切なことはとてもシンプルなことです。

誰にでも真似できる。でもほとんどの人が、していないこと。

発達障害の特性をうまく使いこなすことで、実は、普通の人には築くことのできない、素晴らしい人間関係を築くことができるのです。

わたしと同じような悩みを持つ人に、是非実践していただきたいと思います。

読み終わる頃には、あなたの本当の意味での「コミュ力」は、大きく上がっていることでしょう。

わたしたちはそもそも「攻めのコミュニケーション」は得意なのです

この本を手に取ってくださったあなたは、人とのコミュニケーションが苦手だ、と感じているかもしれません。

そんなあなたに朗報です。**コミュニケーションに悩む、ということは、コミュニケーションを意識していない人より、一歩先に進んでいるということ。**

コミュニケーション巧者への切符は、すでにあなたの手の中にあります。つまり、コミュニケーションがさらに上手になる大きな可能性を秘めているのです。

学生時代、テストを受けたときのことを思い出してください。

全然勉強をしていなかったときというのは、テストが終わった後、何の手応えもありませんよね。テスト結果を見た後、むしろ、「思っていたよりはできたな」なんて感じた記憶はありませんか？

反対に、一生懸命勉強して準備をしてテストに臨んだときというのは、テストが終わった後、自分の間違いが見つかると、ものすごく悔しい気持ちになりますよね。

「やらかしてしまった……」

「こんなはずじゃなかったのに……」

と落ち込みませんでしたか?

つまり、それくらい、真面目に勉強して準備していたから、想定していたようにできなかったときの「落ち込み」も大きい、ということ。

冒頭の話に戻りますと、**コミュニケーションに「苦手意識がある」という人は、すなわちそれくらい「コミュニケーションに大切に取り組んでいる」、ということ**なのです。

「思ってたんと違う!」

これは、2008年のM-1グランプリで、オードリーが敗者復活戦からのし上がり、笑い飯の決勝戦進出を阻止《そし》したときに、笑い飯の西田さんが発して笑いを取った名言です(知らない方は、まわりのお笑い好きの人に聞いてみてください)。

この「思ってたんと違う！」ことが、わたしたちぐちゃぐちゃ人間のコミュニケーションでは、頻繁に起こるのです。かなりいい線いってるのに、後少し、という状態です。

この「後少し！」を埋めるために、わたしたちぐちゃぐちゃ人間は、わたしたちならではの特性を活かすことも、必要になってきます。

本書の構成をお伝えします

本書でご紹介するのは、**2種類のコミュニケーション**です。

すなわち、わたしたちぐちゃぐちゃ人間の不器用さをカバーする「守りのコミュニケーション」と、自分の特性を活かす「攻めのコミュニケーション」。この二つです。

わたしたちは、自分の不器用さを、何とかうまくカバーしながら、相手にイヤな思いをさせないように、あらゆることに気をつかって、日々、頑張っていますよね。

これが、「守り」のコミュニケーションです。

本書の前半（1～5章）では、この「守り」のコミュニケーションが、さらにうまくなるコツをお伝えしていきます。〝やらかし〟やミスや、苦手で固まってしまう場面を、だんだん減らすことを目指しましょう。

さて、これから、1～5章で「守り」のコミュニケーションをお伝えし、苦手をカバーしたり、苦手な相手から自分を守ったりする方法をお伝えしていくわけですが……、先ほどお伝えした「後一歩！」を埋めてくれるのが、6章でお伝えする「攻めのコミュニケーション」です。

あなたが実は持っている「強力な武器」

発達障害の特性を持つ人の特徴として、「衝動性」というものがあります。

・これをしたい、と思ったら、すぐに行動する。
・会いたい、と思ったら、後先考えずに会いに行く。
・「欲しい」と思ったら、何としてでも手に入れようとする。
・伝えたい、と思ったら、伝えずにはいられない。

あなたにも、思い当たる節はありませんか？

これらの衝動性は、使い方を間違えると大火傷してしまいますが、上手に扱うことができれば、普通の人にはない「あなただけの特別な魅力」として、相手の目に映ります。

活かさない手はありません。

本書の前半で、苦手をカバーする方法に触れた後は、本書の後半、6章で、ご自分の強みに改めて気づいてください。そこでは、**自分を抑え込まず、自由に解放していくことで、相手と「いい関係」を築いていく秘策**をお伝えしていきたいと思います。

ちなみに、わたしが本書の前半で、「守り」を徹底的にお伝えするのには、理由があります。

それは、**ぐちゃぐちゃ人間のわたしたちは、本来「攻め」が得意だから**です。

攻めがちなところがあるからこそ、守りがゆるくなり、失敗してしまうことがあるのです。なので、コミュニケーション力をより強固なものにするために、先に守りのコミュニケーションをお伝えいたします。

「思ってたんと違う！」と言っていた笑い飯も、２０１０年のＭ－１グランプリでは「思ってた」優勝を見事、果たしています。わたしたちも、「思ってたところ」に到達できるはずです。

さあ、新しい扉を開きましょう！

CONTENTS

prologue

なぜ、わたしたちには「いい感じ」の人間関係がむずかしい？

――知っておきたい！ わたしたち「ぐちゃぐちゃ人間」の特徴

1章

わたしたちに必要な「守りのコミュニケーション」！

――「普通がむずかしい」と感じる人のための基本ルール

2章 「コミュ力」に自信がない人のための会話術

――「話が飛びがち」「マジレスしがち」でもうまくいく！

3章 「あれこれ考えて動けない」ときの対処法

――「空気が読めなくても大丈夫」になる行動指針

4章 感情に振り回されそうになったときの処方箋
――「自分と相手」を大切にする7つのヒント

5章 「クセ強め」の相手に支配されないために
――「失礼なやつら」を人生から叩き出そう

6章 わたしたちの特性は「武器」にもなる！

——時には「攻めのコミュニケーション」も必要

7章 それでも心が「ぐちゃぐちゃ」になってしまったときは

――「落ち込んだ気持ち」を立て直すメンテナンス習慣

epilogue

「ありのままの自分で大丈夫」という安心感に包まれるヒント

――「出会う人すべてに感謝」したくなるお話

1 章

わたしたちに必要な「守りのコミュニケーション」！

「普通がむずかしい」と
感じる人のための基本ルール

01

わたしたちが〝悪目立ち〟しがちなのは、なぜなのか

ぐちゃぐちゃ人間であるわたしは、幼い頃からとにかく悪目立ちばかりしてきました。
幼稚園時代、わたしの育ての母である祖母は、何度も幼稚園に呼び出されたそうです。
「郁ちゃん、園にいる間ずっと眉間にシワを寄せています……」

幼稚園児が眉間にシワを寄せていてもいいじゃないか。

大人になって、祖母からその話を聞いた時はそう思いましたが、まだ4歳の子どもが周りのお友達と遊ばず、しゃべらず、ずっと眉間にシワを寄せている、というのは、やはり「少し変わった子」ということで、悪目立ちしていたといえるでしょう。この頃から、わたしの発達障害の特性は表れていたのかもしれません。

小学生時代は習っていた珠算《そろばん》に没頭《ぼっとう》。一人の世界に入り込める珠算はわたしの特性と相性が良く、様々な大会で優勝するほどになりました。

しかし、これがかえってネガティブな評判につながりました。「変に目立っている奴がいる」と、地域で噂《うわさ》になってしまったのです。

入学する予定だった中学の先輩たちが「あいつが中学校に上がってきたらボコボコにする」と言っているらしい、という恐ろしい話がわたしの耳に届きました。怖くなったわたしは祖母に相談し、別の中学へ入学することにしました。

「とにかく目立たないように」と心に誓った学生時代

このとき先輩から「ボコボコにする」と宣言されたことから、わたしは「中学校では、絶対に目立たないようにするぞ！」と決意しました。入学後は「とにかく目立たず生きる！」ことを心がけて過ごしたことで、クラス内では比較的、穏やかな時間を過ごすことができました。

それでも、下校時間には、隣の中学に通う女の子から突然蹴《け》られたことがありますし、果ては、不良に囲まれ、「**そのふざけたセーラームーンみたいな髪型**はなんだ？」と絡まれる始末。「ふざけてる」といわれた髪型は、別にセーラームーンを意識したつもりはありませんでしたが、他人から見るとそう見えたということは、妙に浮いていたのでしょう。

目立たないように、と重々気をつけていたつもりでしたが、結局、髪型ひとつで悪目立ちしてしまいました。

高校生になったわたしは、ふと「なぜ、学校に毎日朝から行かなければならないんだろう」と思いました。そして毎日のように遅刻するようになり、ついたあだ名は**「遅刻の女王」**。周りの友達から「郁ちゃん、遅刻しすぎだよ。ずるい」と言われても、「ずるい？　遅刻して怒られるのはわたしやで。ずるいと思うなら、自分だって怒られながら遅刻すればいいいやん！」と返すなど、いわゆる「常識」から、どんどん離れていきました。

当時のわたしは、校則を守ることに何の意味があるのか理解できなかったのです。結果、何度も高校の先生に歯向かい、周りからは白い目で見られました。**悪目立ち街道《かいどう》まっしぐら**です。

はじめての彼氏からの「衝撃の一言」とは

しかし大学生になり、はじめて「彼氏」という存在ができたとき、大きな転機が訪れました。当時、わたしはヒラヒラとレースの付いた、昭和のアイドルのような服を好んで着ていました。少女趣味、といいましょうか。その服装があまりにもダサい、と彼氏は周りの友達から笑われたそうです。

「郁ちゃんと一緒に歩くのが恥ずかしい……」

彼は、残酷にもわたしにこう告げました。

はじめてできた彼氏から一緒に歩くのが恥ずかしい、と言われたときの衝撃たるや。「もう一生外に出るのはいやだ……」と、わたしの心は地の底まで落ちていきました。

わたしはこのとき初めて、「自分は、人から『一緒に歩くのが恥ずかしい』と思われるような格好をしているのか、そんな存在なのか……」と、自分が周りから見ると少しおかしなふうに見えていることに気づいたのでした。

「こんなちょっとしたことで、周囲になじめるようになるのか!」

わたしはその「服装ダサい事件」が起きる瞬間まで、**ずっと自分の感覚だけで生きてき**

て、「他者から見える自分」というのを全く意識したことがなかったのです。

その日、わたしは泣きながら自分の服を捨てました。そして、ファッション雑誌をたくさん買い込み、すぐにお洋服屋さんへ直行。

「雑誌に載っている、今流行っているコーディネートにしてください！」と店員さんに頼み、全て選んでもらい、ファッションをガラリと変えました。その翌日から、少しずつ周りの態度は変わり始め、からかわれたり、ばかにされたりすることはなくなりました。**ファッションを変えるだけで、「悪目立ち」から「周りに馴染む」ということを知るきっかけになった**のです。

今でも忘れられない、とても悲しい出来事でしたが、このように、ほんの少しの工夫で、周りにスムーズに溶け込めることがある、とも学んだのでした。

強すぎる「自分軸」が裏目に出るときもある

02 自分にとっての「自然体」が、悪目立ちの原因だった!?

さて、わたしが学生時代に、そのつもりがないのに目立ってしまったというお話をしました。

これはファッションに限ったことではありません。

わたしのようなぐちゃぐちゃ人間は、「自分にとっての自然体」で生きようとすると、確実に目立ちます。

自分自身が興味のあることへ深く集中する特性や、間違っていると思ったことは黙っていられないこと、不自然なまでに礼儀正しいこと。あるいは、敬語がうまく使えないこと。

また、雑談が苦手で、普段全くしゃべらないのに、好きなことになったら突然しゃべり過ぎてしまうこと。

急に、周りが驚くような衝動的な行動に出てしまう、などもそうです。

あらゆる場面で、いい意味でも悪い意味でも、目立ってしまいます。

人より目立ってしまうことをどうしても避けたい！　とあなたが感じているなら、身につけるものなど、せめて自分で選べるものは、なるべく周りの人から浮かないようなものにするだけで、ほんの少し生きやすくなるかもしれません。

ただ、そんな大学生当時、わたし自身の中身は何も変わっていないのに、ファッションを変えるだけで周りの態度が変わったことに、とてもモヤモヤしたことを今でも覚えています。

そういった意味では、多少悪目立ちし、周りから変わっていると思われようとも、自分のスタイルを貫《つらぬ》くのもありだったのかもしれないと、40代になったわたしはちょっと、思ったりもします（笑）。

服の系統を変える「だけ」でラクになることもある

03

「何でも本当のことを正確に伝えなくては」という勘違い

あなたにはこのような経験はありませんか？

・信頼している人に自分の思いや考えを正直に伝えたところ、距離を置かれてしまった
・相手を信頼して、誰にも話したことのない過去のつらかった経験を話したところ、他の人に言い触らされてしまった
・大好きな相手に自分の秘密を話したところ、ドン引きされてしまった

これは、ぐちゃぐちゃ人間であるわたしが、これまでにやらかしてしまったことです。

人間関係において、相手との距離感、というのはとても大切です。

例えば、初対面の相手と雑談しているとき、突然、過去のつらかった恋愛の話を始める人がいたら、どうでしょう。

初対面の相手との雑談としては、情報量が多すぎますし、話された側は受け止め切れない状態になることが、容易に想像できますよね。

つい、自己開示しすぎてしまう人へ

2回、3回、と会ったことがある相手であっても、要注意です。

例えば「年末はご実家に帰られるのですか?」と聞かれたとします。「はい、帰ります!」または「今回は帰ることができません」などでしたら、誰でも想像できる会話の範囲内ですね。

では、このような場合はどうでしょうか。

わたしは両親と暮らしたことが一度もなく、実家というものがありません。相手から「実家に帰られるのですか?」と軽く聞かれたときに、突然、こう伝えてしまうと、どうでしょう。

「わたしは両親に0歳で育児放棄されましたので、帰る実家はありません」

重すぎますよね(笑)。

いきなりそのような重い話をされると、相手は確実に困ってしまいます。この場合、「帰る予定はありません」で済ませるのが無難であることは間違いありません。

このように、誰かと話すときには、事前に、「伝えてもいい情報」と「伝えるべきでない情報」を自分なりに選別しておくことが大切です。

相手を困惑《こんわく》させないように、ということを基準に選別するといいと思います。初対面であったり、何度か会ったくらいの間柄であれば、事前にしっかり情報の整理をしておくことで、自己開示しすぎるのを防ぐことができるでしょう。

相手に投げる「ボール」の重さに気を付けよう

04

「この人ならわかり合えるかも……」と思ったときこそ、危険信号！

ぐちゃぐちゃ人間の最大の難関は、その先の人間関係です。
人と関わる回数が増えていくと、人というものは自然と心が打ち解けていきますよね。
一番注意が必要なのは、まさにその時なのです。

「この人とは感性が似ているかも」
「わかり合えるかも」
「心から信じることができるかも」

わたしたちがそう思い出したら、危険信号です。
赤になる前のチカチカが点灯しているということに、いち早く気づいてください。**わたしたちが一番失敗を犯しがちなのは、まさに〝この時〟なのです。**

ここで油断すると、どうなるか。

自分の心を100％相手に開いてしまう。

包み隠さず自分のことを話してしまう。

相手に心酔《しんすい》してしまう。

まさに**「パンツもはかないスッポンポンの状態」**になってしまうのです。

絶対に崩してはいけない「自他の境界ライン」

わたしは、幾度となく失敗をしてきました。

自分が信頼して何もかも包み隠さず話していた相手が、実は他の場所でその話を漏《も》らしていたり……。親身になって話を聞いてくれていた人から、突然、宗教やマルチネットワークビジネスに勧誘されたり……。相手がその場その場で違う顔を見せていることに気づかず、自分のことをわかってくれている人だと過剰に心酔してしまったり……。

あんなことをあの人に伝えるべきではなかった、裸になるべき相手ではなかった、と気づいたときには、もう後の祭りです。

信頼していただけに、その傷は非常に深くなり、トラウマになります。本書を手に取ってくださったあなたも、そんな経験があるのではないでしょうか。

自己開示すること自体は何も悪いことではありません。相手との心の距離を縮めるには自己開示は不可欠です。

しかしこのときに、絶対にパンツまでは脱がないでほしいのです。

せめて布だけは……、**布くらいは纏《まと》っておく**ことを忘れないようにしたいものです。

相手と自分との間に**「二本の線があるイメージ」**を持つといいかもしれません。外側にある一本目の線は少しゆるめに。でも、自分の一番近くにある二本目の線は、絶対にゆるめない。

城壁で例えるなら、第一城壁はゆるめに、第二城壁は堅固にしておきましょう。第二城壁を壊されると、後はもう、城に乗り込まれるだけになってしまいます。

自己開示の加減の鉄則——「パンツまでは脱がない」！

05

自他の境界線を上手に引けるようになる、「ガラスの扉」の考え方

前項で、わたしたちは人一倍警戒心が強いわりに、「この人なら」と心を許すと、とたんに相手を自分のテリトリーに入らせてしまうことがあります、と述べました。

でも、信頼している人には、壁をつくらず素直な気持ちで自己開示して仲良くなりたいなあ……。そう思って自分なりにいろいろ策を立ててみましたが、感覚がうまくつかめません。さらに上手に、人との「いい距離感」を保つには、一体どうしたらいいのか。

そこで、わたしが心から尊敬する経営者の方に、アドバイスをもらうことにしました。たくさんの方と関わっていてもトラブルにならずに、なおかつ、みんなから信頼されている方のご意見を参考にしたかったのです。すると、こんなお答えが返ってきました。

自己開示って、単に「距離を縮めるだけ」の問題じゃない

「**人と接するとき、ガラス扉をイメージするようにしてごらん。**透明で、相手も自分も姿

はしっかり見えている。だけど、そのガラスは完全防水で、空気さえも入ることができない。自分の姿はクリアに見えているけれど、何があっても扉の中に相手を侵入させない。自分も出ていかない。

これが、ガラス越しに自己開示できている状態だ。

そうすると、どんな相手とでも、自分も相手も傷つくことなく、関わることができるものだよ」

これを聞いて、わたしはなるほど、と大きく納得したのでした。

自己開示は、ガラス扉で。それでも、パンツまでは脱がないようにしましょう。

ガラスですから（笑）。

自分を守る「心の扉」をビジュアルでイメージしよう

06

直感を大切にする

「直感」というと、何だかとても曖昧なもののような気がする方も多いと思います。そんな不確定なものを信じるのは危険、と思う方もいるかもしれません。

しかし、**この直感を大切にすることこそ、わたしたちぐちゃぐちゃ人間が自分を守る上で、非常に大切なこと**なのです。

直感というものは、本来、誰もが持っているものです。

そして、直感には、「いい直感」と「イヤな直感」があります。まず**わたしたちは、自分を守るために、「イヤな直感」に敏感になることをおすすめします。**

「直感」というから「よくわからないもの」になりますが、「あなたが覚える違和感」と言い換えると、よりわかりやすいと思います。

わたしたちは、これまでにたくさんの人に出会い、いくつもの経験をし、今ここにいますよね。

例えばこんなこと、ありませんでしたか？

「この人、すごい人とか、素敵な人、といわれているけど、個人的にはあまり好きになれないなあ」

「この集まりに参加すると、何だか体が重くなるような気がするなあ」

「この人、何かを隠しているような気がするなあ」

「なんか胡散臭《うさんくさ》いなあ」


これは、あなたの心が素直に抱く違和感です。

ここでバッサリと、違和感を覚えた相手を切る必要はありませんが、**そのとき覚えた違和感を忘れないようにしておくことをおすすめします。**

前の項目で、相手との距離感についてお伝えしましたが、絶対にこういう相手を自分のテリトリーの中に入れないようにしましょう。

このかすかな違和感に〝見て見ぬふり〟をしない

かつてのわたしは、最初「ん？」と違和感を覚えても、気づかぬふりをしていました。

また、その後、相手と関係を続ける中で、

「あれ？ 最初は何だか苦手だと思ったけどいい人かも？ 自分の勘違いだったのかな」と思い直し、相手を自分の心の扉の中に入れてしまうことがよくありました。

しばらくはそれで何事もなく時は過ぎますが、結局どこかで、最初に違和感を覚えた相手とは摩擦《まさつ》が生じたり、自分の心が壊れたりして、付き合うことができなくなることがありました。

次に、直感を活かして助かったお話をご紹介します。

信じるべきは、他人の「すごい」より自分の「感覚」

07 「素直に人を信じやすいあなた」だからこそ要注意なのです

突然ですが、「フレネミー」という言葉をご存じでしょうか。フレンド（友達）とエネミー（敵）を組み合わせた造語で、要は「友達のフリをした敵」のことです。

まさに、そのフレネミーを見破るのは、直感に頼るのが一番です。特に印象に残っているエピソードをご紹介します。

ずいぶん前のことになりますが、こんなことがありました。

「郁ちゃんとずっと仲良くしたいと思ってたの！」

ある日、イベントで出会った女性から、こう声をかけられました。その方は、わたしと同じ業界の先輩だったのですが、わたしはお会いしたことがない上に、その方のことを存じ上げておらず、突然のことに戸惑いました。

「初対面でこの距離の詰め方はどうなんだろう……」と、それこそ、〝違和感〟を覚えましたが、業界の先輩である、ということもあり、連絡先を交換。お食事にお誘いいただき、後日、二人でお会いすることになりました。その日も、その方は「郁ちゃんとは、何でも包み隠さず話し合える関係になりたい」と伝えてくださいました。

でも、お会いしたのがたったの二回目の、まだ相手のことがよくわからない状態で「何でも話し合える関係」には、わたしはなることができません（笑）。

恋人の有無や仕事のことなどいろいろ聞かれましたが、のらりくらりとかわし、その日は、何となくやり過ごしました。

後日、わたしが別のイベントで歌を歌うことになったとき、その方はわざわざ来てくださいました。「とってもよかったよ！」と言ってくださり、わたしは感謝の気持ちに包まれました。

わたしが警戒しすぎていたのかな……と、申し訳ない気持ちも生まれてきました。

しかし後日、友人から衝撃的な情報を伝え聞いたのです。

「距離の詰め方が尋常でない知人」の衝撃発言とは……

その先輩が「あの子の歌は下手くそだ」と話していた、ということを教えてもらいました。

「郁ちゃんと知り合いなんですか？」と友人が尋ねたところ、なんと「あまり知らない」とお答えになったそうなのです。

えーーーーー！？！？！？（笑）

歌の好みは人それぞれなので「下手くそ」と思うかどうかは全く問題ないのですが、ではあのときの「とっても良かったよ！」は何だったのか……（笑）。

それよりもわたしが驚いたのは、あれほど積極的に接近してくださっていたのに「あまり知らない」とおっしゃったことです。腰を抜かしそうになりました。

と同時に、２人で食事をしたときに、「何でも話せる間柄に！」という相手の言葉を信じて、わたしが自分のことを相手に丸裸になっていろいろ伝えていたら、ひょっとすると大変なことになっていたかもしれない、と身の縮《ちぢ》む思いでした。

「最初の違和感」を大切にしてよかった、と心底思った出来事でした。

"ファーストインプレッション"を大事にする

もちろん、わたしが心を開いて話していたなら、「あまり知らない」にはならなくて、良い関係が築けていたのかもしれませんが、そんなパラレルワールドのことはわかりません。**「違和感のある相手に心を開くリスクのほうが大きい」とわたしは感じています。**

これはやや極端な事例かもしれませんが、このようなことは、実はよくあることです。あなたも似たようなご経験があるかもしれませんね。

また気をつけなければならないのは、これは相手が女性に限ったことではないということです。周りの人が「すごいすごい」と崇《あが》めている立場ある男性が、少し関わってみると、とんでもないセクハラ人間であったり、そのようなことは世の中、多々あるのです。

だからこそ、自分が最初に抱いた違和感、というものを大切にしてもらいたいと心から願います。

何となくの違和感は、自分を守る〝サイン〟なのです

08

「ワクワク」はGOサイン！

前の項目では、イヤな直感、違和感についてお伝えしました。

まずは、このイヤな直感を大切にすることを、実践していただきたいと思います。

どうしても人は「ん？　何だかおかしいな」と感じても、「まあ大丈夫だろう。気のせいだろう」と見過ごしてしまいがちです。

特に、優しい人、温厚な人であればあるほど、違和感に目をつぶりがちです。「人の良いところを見よう！」という思いが強い、優しい人ほど、違和感から目をそらすことが多くなります。

そして、あとあと面倒なトラブルに巻き込まれてしまうことが増えてしまう。

優しいから、トラブルに巻き込まれてもすっぱりと切れず、相手との関係をズルズルと続けてしまう……という負のスパイラルに陥ってしまいます。

違和感に敏感になりましょう。

きちんと自分の心と丁寧に向き合うようにしていくと、直感はさらに冴《さ》えてきます。直感が冴え始めると、イヤな直感だけでなく、いい直感が働き始めます。自分にとって必要なものだったり、必要な人と出会えたときに、「これだ！」と胸がワクワクする瞬間が生まれるのです。

「ワクワク」＝「いい直感」です。

わたしを「天職」に導いてくれたもの

わたしは今、ナレーター・声優として20年以上仕事をしておりますが、この仕事を選んだのも、自分の「ワクワク」する気持ちに従った結果です。

大学3年生のとき、周りの学生はみんなリクルートスーツに身を包み、就職活動を始めました。わたしは、大学生の頃、発達障害の特性が災いし、アルバイトをことごとくクビになっていたので、「自分にできる仕事などない」と思い込み、自暴自棄になっていました。

様々な企業について調べるものの、自分が真っ当に働ける気がしない。興味の湧く業種もない……。

もともとわたしは歌手になるのが夢で、バンド活動を続けていました。オーディションなども数々受けていました。いつも最終審査までは残るのですが、デビューするには至らず、歌手への道も暗雲が垂れ込めていました。

このまま就職活動はせず、バンド活動を続けていこうか……。いや、それでは収入はどうするんだ……。歌手になれる保証も何もない……。

そう途方に暮れていたときのことです。当時、習っていた作曲の先生から、こう言われました。

「君の声は個性的だから、声の仕事についたらどう？　声を使う仕事はいろいろあって、歌だけじゃないよ」

「声の仕事？」

急いで調べてみると、**声優、ナレーター**という仕事があることがわかりました。

本屋さんで「なるにはブックス」シリーズの「声優になるには」を急いで購入し、調べました。調べているうちに、幼い頃、大好きでよく観ていた、大自然の動物たちのテレビ番組でナレーションを読んでいる自分の姿が目の前に浮かんできました。

そういえば子供の頃から、国語の時間に朗読するのが大好きだったな。

小学2年生の頃、レオ・レオニの『スイミー』のお話の主役、スイミー役に抜擢《ばってき》され、みんなの前でスイミー役を演じたとき、すごく楽しかったな。

ワクワクして、気分は最高潮。

「よし、声優・ナレーターになろう!」

これが、わたしが今の仕事を選んだワクワクの瞬間です。

「ドリームキラー」の声に耳を傾けなかったわたし

もちろん、周りからは否定されました。

「なれるわけないよ」「声優、ナレーターで食べていける人なんて、ほんの一握りだよ」。

わたしを育ててくれた祖母は、「大学まで行かせたのに……」と泣いてしまいました。

でも、わたしは周りの全ての声を無視して、自分のワクワクに従いました。このとき感じたワクワクが、その後20年以上仕事をする上で、わたしをずっと成功に導き続けてくれています。


結婚する相手に出会ったとき、「直感で『この人と結婚する!』と思った」という話はよく聞きますよね。まさにそういうことなのです。

ワクワクに従うと、物事がうまくいきます。 付き合う人も、この人といると楽しい!

と心がワクワクする人とお付き合いしていきましょう。わたしたちは、人間関係も、仕事も、自分で選び取ることができるのです。

自分の心に従う。とてもシンプルなことですね。

イヤな直感も、いい直感も、誰しも働かせることができます。

素直に直感に従いましょう。あなたの人生はあなたのものです。

たくさんのワクワクで彩《いろど》ってくださいね。


「自分の心と直感に従う勇気を持ちなさい」byスティーブ・ジョブズ

名言で締めくくりました。

数々の著名人が名言を残すくらい、直感は大切、ということですね。

「自分の直感」に従うことでうまくいく

09

「等身大の自分でいる」とは、「相手も自分も尊重する」こと

　この項目では、わたしたちぐちゃぐちゃ人間にとって、非常に難しいことをお伝えすることになります。パンツまで脱がないこと、完全防水密閉ガラスで相手とは付き合うこと、直感を大切にすること、といろいろお伝えしてきましたが、**やはり「人から愛される人」というのは、自分を偽ることなく等身大の姿で人と接することができる人**だと思います。

「等身大の姿で人と接する」ということは、「自分自身に嘘はつかない」ということです。

　仕事関係の方とのお食事中、こんな会話がありました。あるお偉い方が、こうおっしゃいました。

「僕はサラダにはドレッシングはかけないんだ。このサラダはドレッシングがかかってるから無理やわ」

　ヘルシー志向の方なんだなあ、とわたしが思った瞬間、同席していたあるタレントさん

が、すかさず、こう前のめりで返しました。

「わたしもですー！　サラダにドレッシングかかってるのは、無理ですー‼」

「そうやろ？　サラダにドレッシングをかけるのは邪道《じゃどう》やで！」

相手に共感してもらえたことでお偉いさんは喜び、大変盛り上がっておられました。ちなみにわたしは、サラダには、オリーブオイルなり塩なりドレッシングなり、何かはかけたい派です。「ヘルシー志向ですねー！　わたしは何らかの物をかけて食べちゃってます（笑）」とつぶやきながら、その誰も手をつけないドレッシングのかかったサラダを美味しくいただきました。

ちなみに、このタレントさんとは何度もお食事をしたことがありますが、サラダにドレッシングがかかっているものを、いつも普通に食べていらっしゃいました。

「相手に合わせる」＝「守りのコミュニケーション」ではありません

このお偉いさんに対するタレントさんの返答を見て、本書でお伝えしている「守りのコミュニケーションとは、こういうことなんだ」と思われた人もいるかもしれませんね。

いいえ、守りのコミュニケーションとは、相手を尊重しながらも、自分を守るコミュニケーションのこと。ここに挙げた例のように、ただ相手に迎合することではありません。時には相手に合わせることも必要です。しかし、常に相手に合わせた発言や行動を繰り返していると、だんだん整合性が取れなくなってきます。その場その場でコロコロ意見が変わる人、という印象を周囲に与えてしまいますね。たとえその場は盛り上がって人から好かれても、長い目で見れば、信頼を失うことがあるかもしれません。

そうならないためには、**自分の考えに嘘はつかないでいることが大切**です。

わたしがドレッシング付きのサラダを食べたからといって、このお偉いさんがわたしに怒ることは、もちろんありません（「何もかけないほうが美味しいよ」くらいは言われるかもしれませんが……）。**わたしも「ドレッシングはかけたほうがいいですよ！」と主張するつもりもありません。**それは本当に、人それぞれの自由なのです。**「等身大でいる」ということは、自分の意見は伝え、相手の意見も尊重する**、ということです。

相手に「迎合しすぎること」は危険です

10 ぐちゃぐちゃ人間が見落としがちな「相手の立場に立って考える」ということ

わたしは、ナレーションの講師の仕事を15年以上しております。20代後半から、後輩たちのナレーション指導役をさせていただいてきました。

今思えば、若い頃のわたしは「等身大の自分でいること」=「自分の意見を何でも相手に率直に伝えること」だととらえていました。ともすれば、「自分の意見を相手に押し付ける」ことをしてしまっていたように思います。

講師として指導をするとき、嘘偽《うそいつわ》りのない自分で生徒たちに接し、自分の経験を包み隠さずお伝えすることで何か役に立ってほしい、という思いは、昔から今も変わらず同じです。自分の失敗談も包み隠さず、面白おかしくお伝えすることで、元気になってもらいたいという思いで、長年指導してきました。

ただ、若い頃のわたしは、熱血漢、といいましょうか。

「そんなことやってたら、プロとしてやっていけないよ」

「なんでそんなに甘えてるんだ？」
「セミプロで終わりたいのか？」
と、課題への取り組み方が甘い、と感じた生徒に強く指導をすることがありました。わたしからすると、まだまだ、生徒たちの努力が足りないように見えたからです。それを率直に伝えることが、等身大の自分で生徒と接することだと思い、それが講師としてのあるべき姿であると思っていたからです。

しかし、わたしがきつく指導した生徒の中には、その後、努力するどころか、自信を失い、やる気を失い、次第にフェイドアウトしていく人が出ました。

それも仕方ないことだ、と当時のわたしは考えていました。

この競争の激しいナレーター・声優の世界では、それくらいのことでへこたれていては、上には行けません。辞める人はそれまでだ、むしろ早いうちに辞めたほうが、その人に合う道が拓《ひら》けるはずだから、正直に伝えてあげるほうがいい、と思っていました。

自分の「これくらい当たり前」を見直してみたところ……

しかし、**あるときわたしは、全て自分基準で物事を考えていたことに気づいた**のです。

自分が当たり前のこととしてやってきた練習量は、実は普通ではなかったこと。一度集中し出すと止まらなくなる自分の異常な集中力は、発達障害による特性の一つだったことを知ったのです。ナレーションに対する執着が人並外れていたことなども、後になって気づきました。

そこからは、わたしは指導方法をガラッと変えました。**相手の立場に立って、その上でアドバイスをするようにしたのです。**

当然、相手の気持ちに立つのですから、きつく伝えることも一切なくなりました。「努力した」と本人がいうのなら、それは本人にとって、本当のこと。そう受け止め、本人の努力をしっかり認めた上で、その子なりにどうしたらさらに伸びるのかを考えてからわたしの意見を伝え、まずは相手の心に寄り添うようにしたのです。

すると、生徒たちの顔の輝きが変わり、生き生きとレッスンに取り組むようになってくれました。

自分の失敗談や経験談は包み隠さず、等身大の自分で話す。

自分の感覚を押し付けるのではなく、相手の立場や意見を尊重する。

そうすることで、生徒たちはわたしを信頼してくれるようになったのです。

「等身大であること」はとても大切なことです。相手がどんな相手でも、自分の意見は伝えていいのです。

そのときに重要なのは、「相手の意見も必ず尊重する」ということです。

「わたし個人としては」「あくまでも自分の考えですが」と最初に一言付け加えるだけで、等身大の自分の発言がしやすくなります。

58ページで触れたサラダのドレッシングを例にしますと、「あくまでもわたしは、ドレッシングつけて食べてますね（笑）」で、何の問題もありません。

日頃から、どんなに小さいことでもかまわないので、自分の意見を本音で伝えながら、相手の意見も尊重することを心がけてみてください。**等身大の自分でいながら、周りとトラブルを起こさない、良い塩梅《あんばい》がつかめるようになります。**

「相手を尊重する」と「自分の意見を伝える」は、両立できる！

11

わたしたちが絶対にやってはいけない「守りのコミュニケーション」とは

「守りのコミュニケーション」にもいろいろあります。先ほど、迎合しすぎる守りのコミュニケーションは、だんだん整合性が取れなくなってくることをお伝えしましたが、わたしたちぐちゃぐちゃ人間は、「迎合すること」よりも絶対にやってはいけない、自分の守り方があります。

それは、**「自分を大きく見せること」**です。

これを聞いて、「あれ？　自分を大きく見せることは、攻めのコミュニケーションじゃないの？」と思われるかもしれませんね。

違います。攻撃は最大の防御、といいますように、自分を大きく見せることは、自分の弱さを隠す最大の守りのコミュニケーションです。

先ほど講師のお話に少し触れましたが、講師にもいろいろな方がおられます。

「講師」＝「先生」ですから、生徒から尊敬されなければならない、と思う方もおられますね。そのやり方として、自分の肩書にどんどん付加価値をつけていく手法があります。

わたしの場合、肩書は、ナレーター・声優です。非常にシンプルです。

しかし、自分に権威性を持たせようとする人は、ここに、どんどん様々な肩書を重ねていきます。幸せになれる声の出し方専門家、〇〇〇〇人をプロにした名講師、著名人も数々指導した声のプロ……。

たとえ小さな話であっても、それをまるで巨大プロジェクトかのように盛ることで自分の価値を高めようとする人も少なくありません。

肩書というのは、国家資格などとは違い、自分で自由につくれるものです。ナレーターという肩書さえ、プロでなくても、誰でも名乗れますからね。

とはいえ「自己ブランディング」という言葉がある以上、このやり方が間違い、というわけではもちろんありません。

自分を傷つける方法で、自分を守ろうとしてはいけない

しかし、ことわたしたちぐちゃぐちゃ人間は、絶対にこれをすべきではありません。

自分を大きく見せようとすると、必ず失敗します。

自分に嘘がつけない、不器用なわたしのような人間は、変に自分を大きく見せたこと自体がイヤになりますし、本来の自分と違う自分を演じることになり、絶対に途中でボロが出ます。人を騙《だま》しているような罪悪感にも苛《さいな》まれます。自分を大きく見せる自分の守り方は、逆に自分自身の心を傷つけることになります。

あなたの周りにいる素敵な人を思い出してみてください。

自分のすごいところをアピールばかりしている人と、仲良くしたいと思うでしょうか。

失敗談をたくさん話してくれる人のほうが、親しみが湧いてきませんか？

わたしたちが「自分を守るコミュニケーション」をしようとするときには、むしろダメなところをさらけ出すことのほうが重要です。

おっちょこちょいでどんくさい、道端で何もないところでつまずくようなわたしは、かっこつけようとしてもかっこつけられません。後からどんくさいことがバレてしまうくらいなら、最初からさらけ出してしまったほうが無難です。

数々の自分の失敗談で、場を盛り上げるほうが得策です（笑）。

迷ったときは〝ここ〟に立ち返る

かっこつけようとすればするほど、人は離れていきます。自分を大きく見せた後にあなたの周りに残るのは、あなたの嘘の権威性にぶらさがる人たちだけです。そんな虚《むな》しいことはありません。

① 等身大の自分でいる
② 相手の意見を尊重する
③ だめなところを隠さない

ぐちゃぐちゃ人間の守るべき三原則です。

自分を「大きく見せよう」としない

12

ぐちゃぐちゃ人間は「疑いすぎるくらいでちょうどいい」

あなたは、人を信じやすいですか？　それとも、疑り深いですか？

わたしたちぐちゃぐちゃ人間が、まず持つべきもの。それは、「疑う」という考え方です。

悲しいことを言うなあ……と思われるかもしれません。

しかし、わたしたちが深く傷つくことを避けるためには、「疑う」ということは何よりも大切なことなのです。

わたしは幼い頃から、非常に不安定な環境で暮らしてきました。０歳で育児放棄され、祖父母のもとへ預けられました。生後６ヶ月で、一時的に両親の元へ送り返されますが、やはり育てられない、とのことで、再び祖父母のもとへ。

一番大事な愛着形成の時期に、あっちに行ったりこっちに行ったり。そんな状態でしたので、子供の頃からわたしは、「確かなものなどこの世にはない」と感じながら過ごしてきました。人の気持ちも、愛も、環境も、自分自身の気持ちさえも、変わらないものなどない、永遠に変わらないものなどない、と。

そんなわたしなので、自分の心を守るため、安易に人の言うことを信じないように心がけてきたのですが、それでも一度、詐欺《さぎ》被害にあってしまったことがあります。

友人のためにできることを探し回った結果……

あるとき、わたしの大切な友人が、末期がんであることがわかりました。

彼女の命を救うために何かできることはないか、とわたしは様々な本を読んだり、ネットで調べたり……。もし自分に何かできることがあるならば、どんなことでもしたい。本気でそう思いました。

彼女の病気が治るなら……。毎日祈りながら、彼女を救う方法を探し続けていました。

そんなとき、いつもお世話になっている方が、「ガンも治せるお医者さんがいる」と教えてくれました。藁《わら》をもつかむ思いで、わたしはそのお医者さんに会いに行きました。

最初は、一人で行くことにしました。友人を連れて行く前に、わたしがまずそのお医者さんに会って、信じるに足る人か、判断しようと思ったのです。

そのお医者さんは、まず、わたしの体の状態を、見たことのない機械でチェック。その後、説明がありました。

お医者さんいわく、わたしの内臓は病魔にやられていて、今すぐそのお医者さんが調合するサプリを飲まないと大変なことになる、とのことでした。

わたしは、まさか自分の体がそんな悪い状態だったとはつゆ知らず、医師の言葉に仰天《ぎょうてん》……。恐ろしいトーンで話すその医者の迫力に、完全に呑《の》まれてしまいました。

末期がんも治るという、その医者がつくるサプリ。金額は、半年分でなんと135万円。またそのサプリを飲むと、コロナにかかることもない、どんな病気も治るというのです。わたしは、自分のことは後回しでいいから、そのサプリを早急に彼女に飲ませたい、と思い、その場でサプリを購入することにしました。とはいえ、自分の判断で、勝手に友人にサプリを飲ませるわけにはいきません。実際に本人を診てもらってからでないと……ということで、今度は彼女を医者のもとへ連れて行きました。

「あまり状態が良くないですね」

と伝える医者。

「はい、末期がんですからね」

と答える友人。彼女がトイレに行った瞬間、「お友達は長くは持ちません」と、医者はわたしに言いました。

なんでそんなことを口にするのか。カッとなりかける気持ちを抑え、わたしは「自分が持っているそのサプリを、彼女に全てプレゼントしようと思っている」と伝えました。

すると、医者は何と、彼女にはその倍の量のサプリが必要だというのです……。

さすがにその日は、さらに倍の量のサプリを買う契約をせず、一旦家に帰り、夫に相談することにしました。

次回、わたしは夫を連れて行きました。医師は、夫の体をまた機械でチェック。

夫がトイレに行っている間に、またその医者はわたしにこう言いました。

「ご主人の体、非常によくない状態です。サプリを飲まなければ……」

……こいつっ!!!

わたしの医師への疑念は、確信へと変わりました。

「すみませんが、もうお金がありません」と伝えると……、

「このサプリを、人にどんどん広めてもらう活動に参加してくれるなら、安くお分けしています」とのこと。


あ、もう帰ります。


そう言って、わたしは病院を後にしました。悲しくて涙が出ました。

友人を救う魔法の薬は、なかったのです。

すぐに人を信じてしまう人は、まず疑おう

なぜ、わたしは、初回サプリを購入してしまったのか。

それは**「信頼している人の紹介だったから」**です。

その方は決して、わたしを陥《おとしい》れようとしたわけではありません。良かれと思ってすすめてくださった。それは疑う余地もない事実です。しかし、ここに落とし穴があったのです。

たとえその人が信頼に足る人物であったとしても、その人が紹介してくれるものが信頼のおけるものである保証は、どこにもないのです。

こういったケースでは、直感が鈍ってしまいがちです。**信頼している人と、その人の先**

にあるものとは、切り分けて考えましょう。

とにかく一度は必ず疑いましょう。どんなものでも、まず疑ってみましょう。端《はし》から端まで疑って、本当に信頼できるものか見極めましょう。特にこのパターンのように、大切な人の命がかかっていたり、心が弱っていたりするときほど、要注意です。弱っている人につけこんでくる、悪い輩《やから》がいるからです。

わたしたちぐちゃぐちゃ人間は、疑いすぎるくらいでちょうどいいのです。

あの忌々《いまいま》しいサプリ……。**135万円もした**ので捨てるにも捨てにくく、まだ現在も納戸に入っておりますが、こうしてここに記した暁《あかつき》に、いよいよ、忌々しい思い出と共に、ぽいっと捨ててしまいますね。わたしのような失敗をしないよう、くれぐれも気をつけていただきたいと思います。

「疑うこと」は、実はとても大切なこと

column

01

期待せずに期待する

もしかすると、本章をお読みになった後、まるで「他人を信用するな」と言われたような気持ちになった方もいるかもしれません。

新しい出会いに期待し、心を躍らせてはいけないのか……と、シュンとなってしまった方もいるかもしれません。ただ、すぐに人を信用しやすいわたしたちが、人間関係のトラブルから身を守るためには、必ず一度立ち止まり、疑ってみることが必要です。

わたしは昔から、何か楽しみにしていることや、うまくいったらいいなと思うことがあっても、期待しないことを心がけてきました。期待しなければ、がっかりしないからです。特に、自分の力ではどうにもできないことに関しては、「期待しないこと」を徹底してきました。

というのも、わたしたちナレーターの世界は、仕事に「運」というものが大きく関わってきます。

オーディションでは、どんなにナレーションが上手な人でも落ちるときは落ちますし、まだ新人で何の力もないときに突然、合格することもあります。

これは、その番組との相性だったり、審査員の好みだったり、様々な理由がありますが、それを一言で簡単にいうと「運」ということになります。スポーツや筆記試験のように、実力がはっきりと点数などで表されたりするものではないので、選ばれなかったときは理由がわからず、何ともモヤモヤとしてしまいます。

そんな世界で心を病まずにやっていくには、**気にしないことが何よりも大切**になってきます。

ナレーションの世界に入り、心の病になってしまった人を何人も見てきました。そうなるのはとても真面目だったり、仕事に対して一生懸命な人が多いです。

真面目な人ほど、自分が悪い、もっと努力できたはず、と思い詰めてしまうのですね。自分にできることを精一杯やったら、もう後は運を天に任せるしかない。そう思うしかない世界なので、わたしも徹底して「期待しない」ことを心がけてきたのです。

しかし、最近、素敵な言葉を使う監督さんと出会いました。

その言葉は、**「期待せずに期待する」**。

その監督さんは、わたしの本をもとにドラマをつくりたいと考え、企画をテレビ局に提案してくださいました。

その方がいつも、最後に締め言葉として使っていたのが、「期待せずに期待して待ちましょう」なのです。なんて素敵な言葉だろうと思います。

「この企画が通るかどうか、期待はしないでおきましょう」と言われると、何だかしゅん、とした気持ちになりますよね。

それが、**「企画が通るかどうか、期待せずに期待して待ちましょう」ということで、少しの希望の火が灯《とも》るような気がしませんか？**

前向きな気持ちになりますよね。それでいて、期待していないので、大きくがっかりすることもない。

自分の心に優しい光を灯しながらも、がっかりを回避できる最高の言葉です。ぜひあなたも、期待せずに期待しながら、毎日を過ごしてみてください。

穏やかで、ちょっぴり前向きな気持ちになることを実感いただけると思います。

2

章

「コミュ力」に自信がない人のための会話術

「話が飛びがち」「マジレスしがち」

でもうまくいく!

13

つい話が一方的になってしまう人へ

「今日の夜、何食べたい？」

「次の日曜日は遊園地に行きたいなあ」

これは、わたしたち夫婦の**奇妙な日常会話**です。

夫がわたしに「夜ご飯に何を食べたいか？」と尋ねているのに、わたしは「日曜日は遊園地に行きたい」旨を話しています。

わたしは夫の話を無視するつもりはないのですが、夫の問いに答えるより「日曜日、遊園地に行きたいと思っている」ことを夫に伝える方を優先してしまっているのです。

このようなことが頻繁に起こるので、わたしと夫の会話を周りで聞いている人は、意味がわからないと思います。

ＡＤＨＤの特性を強く持つ人は**「自分の思っていることをすぐに相手に伝えたい」という衝動がおさえられない傾向が強いことがあります。**

また**思考がポンポンとあちこちに飛んでいくので、話が多方向に行きがち**です。家族との会話なら許されますが、他人とこんな一方的な会話をしていては、全く信頼されません。
とはいえ、持って生まれた特性なので、油断するとひょっこり顔を出してくるため、細心の注意を払う必要があります。

知らないうちに〝自分中心〟になっていない？

方法はただ一つ。**相手が話している内容をしっかり聞くことに、全神経を集中させてください。**魂が抜けないように、思考がどこかへ飛んでいかないように、相手の顔をしっかり見て話に集中しましょう。「自分がしゃべるのは、相手の話を最後まで聞いてから」と心に誓って。

そこまでしても、わたしは、会話している相手の鼻の穴の中がどうなっているのか気になりはじめて、**鼻の穴ばかり見てしまって、話の内容が全く入ってこなくなりかけた**ことがありました……。

また、わたしたちぐちゃぐちゃ人間は、自分の興味のあることや好きなことに関する話題が出たとき、話が一方的になってしまう傾向があります。

相手がそこまでその話題に興味がないのに、延々としゃべり続けてしまうのです。

また、一般の人にはわからない専門用語や、難しい言葉は、日常会話では極力使わないようにしましょう。「あなたが知っていること」＝「みんなが知っていること」ではありません。常に相手の目線に立つことを心がけましょう。

本章では、こうした「会話におけるコミュニケーション」をうまく取れるようになるコツをお伝えしていきます。

わたしはナレーターですが、イベントの司会や著名人との対談などのお仕事もしていますので、「仕事」として、人とお話しする経験を積み重ねてきました。ぐちゃぐちゃ人間の自分でもうまくいく会話のコツを、実地でつかみ取ってきたつもりです。「新人の頃に知っていたら、苦労しなかったのに」と思った経験からの学びを、ありったけ書きました。どれか一つでもいい、自分に合いそうなワザを覚えて使ってみてくださいね！

コミュニケーションのコツは"一人よがり"にならないこと！

14 世間話には「テレビのバラエティ番組を見ているような感覚」で参加せよ

あなたはテレビのバラエティ番組をご覧になることはありますか？　わたしはいくつかバラエティ番組のナレーションを担当しているので、そのオンエアは必ず観るようにしています。

バラエティ番組には、ある種の「型」がありますね。

ある話題について、次々に出演者の方が意見を述べていく。面白おかしい意見が出れば、誰かがツッコミを入れる。そこには楽しい笑いがあふれています。

出演者の方々の見事なトーク、テンポの良さにはいつも感動し、テレビの前で観ているわたしも、いつのまにか笑ってしまっています。

「天然」といわれがちな、わたしたちの悩み

日常生活において、複数人が集まると、当然、様々な会話をすることになりますよね。

この複数人での会話、というのが、わたしはとても苦手でした。

いつ話したらいいのかわからない。テンポが速くてついていけない。わたしが住んでいるのが関西ということもあり、ノリツッコミなど、笑いの要素が当たり前のように存在している。自分が会話についていこうと思うと、至難の業です。

自分が発言しようとしたら、会話はもう次の話題に変わっている。結局、何もしゃべらないまま終わっていく。それくらいならまだマシな方で、何か発言すると、的はずれなものになっていて、「天然」扱いされてしまう……。

昔からよく「天然」といわれてきたわたしですが、自分ではそのつもりはありません。

なぜかわたしが発言すると笑われる、という現象の中、ヒヤヒヤしながら何とかその場を凌《しの》いできました。

〝一歩引いた状態〟で周囲を見てみる

冒頭のテレビ番組の話に戻りますが、バラエティ番組では、わたしが苦手な複数人での会話が繰り広げられています。にもかかわらず、家でテレビを見ているとき、もちろんわたしは何も焦りを感じません。ヒヤヒヤすることもありません。

出演者の方の発言に笑い、ツッコミに笑い、非常にリラックスした気持ちで過ごしているのです。

あるときわたしは、「これを、日常にも利用してみたらどうか？」と思いつきました。

結果は大成功。

目の前で行われている複数人の会話は、家でテレビを見ているようなものなのだ、と思いながらその場に参加していると、「何か話さなければ」と焦ることがなくなりました。

人の発言を聞いて、面白ければ笑い、ツッコミをする人の頭の回転の速さに感動しながら、その場にただ存在することができるようになったのです。

手に汗握りながら、何か話さなければ、と焦り続ける気持ちから解放されると、心がとてもラクになり、複数人で過ごす時間が怖くなくなりました。

あなたも、他愛もない複数人の会話は、バラエティ番組を見ている気分で参加してみてください。コミュニケーションがとてもラクになることを実感してもらえると思います。

無理に話そうとするから、空回るのです

15 女子会は「情報番組を観ている」ときの心境で

前項で、世間話にさりげなく参加するコツをお伝えしました。他愛もない話なら、これでOK。

次は、いわゆる女子会、つまり毛づくろい的に行われるコミュニケーションの場などで、それぞれが自分の恋愛の悩みや、深刻な悩みなどを口にし出したときの対処法もご紹介します。

こちらは、バラエティ番組ではなく「情報番組を観ているときの気持ち」になってみてください。

わたしの夫は人気情報番組のナレーションを担当しているので、わたしはそれをよく観ています。こちらでは楽しいニュースはもちろん、シリアスなニュースも流れます。タレントの不祥事なども流れます。それに対してコメンテーターの方々が、様々な意見を述べていきます。

家で観ているとき、わたしは「なるほど、そうか」と思うこともあれば、「それはどうなんだろう？」と感じることもあります。

しかし、家で一人でそれに対して文句を言ったり、憤《いきどお》りを感じたりすることがあっても、**結局、総じて楽しみながら観ている**のです。

時には深刻なニュースに思わず涙してしまうこともありますが、それでも、そのニュースの話題が終わると、また番組はいつもの明るいムードに切り替えられ、今日も面白かったな、と思いながら、放送を見終える。

これです。**この感覚で友人たちとの会話に臨むと、いらぬ発言をすることが格段に減ります。**

間違った「一生懸命さ」は、相手を傷つける

誰かが悩みを打ち明け、相談を始めたとき、それに対して、意見を言う人もいるでしょう。励ます人もいる。時にはあなたも、思ったことを口にしてもいいでしょう。

ただ、**相手の悩みを解決しよう、と頑張りすぎないこと**です。

一対一であなたが相談されたときならまだしも、複数人で話す中に出てくる「一見、相

談のような会話」は、「単なる一つの話題」として捉えましょう。

ただ、心に寄り添って聞いてほしい。

複数人の雑談の中では、とくに女性ばかりの会話の中で出てくる悩み相談というものは、そのパターンがおよそ90%を占めているといっても過言ではありません。

「目の前の人」を傷つけないために

具体的なアドバイスは、時に人を傷つけます。

人付き合いがうまくいかない、と悩む後輩からこんな相談を受けました。

「長年付き合っている恋人が、全然結婚しようとしてくれない」という話題になったとき、**「じゃあ、別れたらいいのに」**と発言して、友達を怒らせてしまった。自分としては親身になって、真剣に答えたのに、いったい何が悪かったのかわからない、というものでした。

これは、相手はただ、話を聞いてほしかっただけなのに、自分の思う正論を述べて相手を傷つけてしまったケースです。

複数人集まる会話の時は、あなたはコメンテーターになる必要はありません。**その場に**

いる他の人たちにコメンテーターの役割は任せましょう。

「ほほう……そんなこともあるのか……」と情報番組を見ているような気持ちで過ごすと、自然な相槌を打ちながら、また時には驚きの反応を見せながら、その場に自然に溶け込むことができます。

ポイントは、家でテレビをダラダラ見ているときの自分を思い出すこと。

複数人の会話では、リラックスして、部屋着でテレビを見るように、参加することです。

正論が「ヨシ」とされない場もある、と心得る

16 突然、話を振られて焦ったら、この「キラーワード」で切り抜けよう

しかし、この素晴らしい方法にも、ただひとつ問題があります。それは、**突然、名指しでコメントを求められたとき**です。

テレビを観ているつもりで話を聞いていたのに、急に話を振られたら……、焦りますよね。

大丈夫。安心してください。魔法の言葉があります。

それは、**「やばいっすね」**。

使い方を見てみましょう。

例えば、こんな感じです。

事例1

A 「このプロジェクトって、結局、会社の都合のいいように進んでいってる気がする」

B「そう思います、当初、わたしたちが目的にしていたところから、どんどん逸れていってて……」

C「めっちゃお金の匂《にお》いがするだけのプロジェクトに、現時点ではなってると思いますよ、正直」

A「中村ちゃんはどう思う?」

中村「**いやぁ、やばいっすね**」(真剣に)

事例2

A「絶対、遊ばれてると思うの! このまま付き合ってたら、もっと傷つくことになると思うの! でも別れたくない〜! どう思う?」

B「それは別れたほうがいいんじゃない? 郁ちゃん、どう思う?」

中村「**やばいなあ**」(アンニュイな顔で)

今日からできる超・実践的テクニック

おわかりでしょうか。

どちらのケースも、返答する言葉は一つ。

「やばいっすね」（声色などトーンは、何となくその会話の内容に合わせる）

これで、会話の9割は何とかなります。

「やばい」という言葉は、もともとネガティブな意味で使われていたのですが、最近ではポジティブな気持ちを表現するときにも使えるように、時代と共に変化してきています。

ですので、**微妙な立場での会話の中でコメントを求められたときは、正直どちらとも取れる、とても便利な言葉**なのです。活用しない手はありません。

ぜひ一度試してみてくださいね。

ただし、多用は禁物です（笑）。

簡単なワザ一つで、人間関係がスムーズに回り出す！

17

人の話を聞くときの心得①

「話し下手の人」のほうがラッキー!?

世の中には、コミュニケーションに関する本があふれています。そのほとんどが「話し方」に関する本です。

しかし、コミュニケーションで最も大切なことは、話を聞くこと。「聞き方」のほうが、実は何倍も大切です。

あなたは話すのが得意ですか？　それとも苦手ですか？

もし苦手だとしても、大丈夫です。何の問題もありません。むしろ、「おしゃべりな九官鳥」になる可能性が低くなるので、ラッキーであるといえます。「聞く」ことに徹していきましょう。

実は「聞く」というのは、簡単なことではありません。**「人の話、ちゃんと聞いてるよ！」という人でも、実は「聞いているつもり」になっているだけの人がほとんどなのです。**

基本的に、**人というものは、自分の話を聞いてほしい生き物**です。世の中に、話を聞いてほしくて自分のことをしゃべりまくる人が多いのは、なかなか、本当の意味で「ちゃんと話を聞いてくれる人」が少ない証拠です。

聞いてほしい、という需要に対し、きちんと話を聞いてくれる人の供給が足りていないのです。

他人に興味がわかない人が「見落としている」こと

これまでもわたしは、「雑談は、話すより聞け！」ということをいろんな場所でお伝えしてきましたが、あるときこんな質問をいただきました。

「興味のない話を聞くのは苦痛です。楽しくありません。どうしたらいいですか？」

これは、たしかに、多くの人が感じることかもしれません。自分が野球が好きではないのに、よくわからない野球の話を延々と聞かされるのは楽しくない。おっしゃる通りです。

そんなときはこんなふうに考えてみてはいかがでしょうか。

「この人はなぜ野球が好きなんだろう」

野球に興味がなくても、その人がなぜそんなにも野球が好きなのか、ということは少し気になりませんか？　切り口を少しだけ変えて、質問してみましょう。

「野球を好きになられたきっかけは何だったのですか？」

すると、思わぬ答えが飛び出すかもしれません。

「お父さんから初めてもらったプレゼントがグローブだったんだ」かもしれないし、

「子供の頃、キャッチボールしてたら心が落ち着いたんだ」かもしれない。

「実は親戚に野球選手がいるんだ」かもしれない。

野球自体に興味がなくても、野球が好きなその人の人生ドラマは、覗いてみたくありませんか？

司会進行やトークをまわすときの、わたしの「ひそかな楽しみ」

わたしは人とお話しするとき、いつもそんなふうに「相手がその話をする理由」というのを想像しながら、話を聞いています。

この人は今どんな気持ちで話しているのかな？

なぜ、この話をするのかな？

相手が話している内容に、あまり興味が持てなかったとしても、じーっとその人を見ていると、その人の表情や声のトーンなどから、その話の奥にある、その人の、考え方や人間性が垣間《かいま》見えてきます。

それが、わたしが人の話を聞く楽しみの一つでもあります。

興味のない話題はもちろん、あなたがあまり好きではない人や興味のない人が話しているときも、ぜひ、その人の会話から見えてくる「ひととなり」を想像しながら、お話を聞いてみてください。だんだん興味が湧いてくるかもしれません。

興味が湧いてきたら、聞く姿勢は自然と整っていきます。

後は、「なぜ？」「どうして？」と、相手の話の中で気になる点を質問していけば、話は尽きることはないでしょう。

相手の「ひととなり」に興味を持とう

18

人の話を聞くときの心得②

「わかるわかるおばけ」にならない

このときに絶対にしてはいけないこと。

それは「わかるわかる〜！　わたしもそういうことがあって……」と、相手の話を奪ってしまう**「わかるわかるおばけ」**になってしまうことです。

これは、共感しながらも人の話を奪って自分のものにしてしまう、おそろしいおばけです。

「わかるわかるおばけ」にならないように、くれぐれも気をつけてください。

「何かわかる気がする」と共感するところで止めておきましょう。

相手のほうから、あなたが共感した理由を尋ねてきたら、その時初めて、「自分の経験」を話すようにしましょう。

わたしは複数人での雑談の中で、「わかるわかるおばけ」に話を奪われ、不完全燃焼な顔をしている人を何度も見たことがあります。

雑談というのは、しゃべる人が移り変わっていくものなので、誰が話そうが問題はないのですが、守りのコミュニケーションを大切にしたいわたしは、**人から話を奪う側にならないように気をつけています。**

奪われた人は、決していい気持ちはしませんから。

人を不快な気持ちにさせることは控えたいところです。

「何かわかる気がする……」で留まるのがコツ

19 人の話を聞くときの心得③

小学生でもわかる基本的なことを大切に

後はもう、基本的なことをたった2つ守るだけです。

①目を見て話を聞く

小学生の頃から教えられていることですが、これも、目を見るだけじゃなく、しゃべっている人の方向に自分の体ごとしっかり向けることがおすすめです。体中で「あなたの話を聞いてるよ！」ということを伝えましょう。

②時計を見ない

これも、わたしは子供の頃に教わりました。授業中に時計をチラチラ見て、叱られた経験がある方もいらっしゃると思います。わたしも子供の頃、「今、何時かな？」とちらりと時計を見て、先生に叱られたことがあります。別に、早く終わってほしいとか、いつまで続くんだろう、とか思っていたわけではありませんでしたが、先生から「そんなに早く終わってほしいのか!?」と叱られてしまったのです。時計を見るということは、相手にそんなふうに感じさせてしまうのか、と子供心に驚いたのを覚えています。

こんな基本的なことですが、大人でも、人がお話ししているときに時計をチラチラ見る人が結構います。時計を一切見るなとはいいませんが、**時間が気になるときも、ものすごく気を遣いながら、相手にはわからないように"そっと見る"ようにしたいところ**です。

ちなみに、わたしの夫は、「時計を見てはいけない」と思いすぎるあまり、相手への気遣いから時計を見ることができず、危うく仕事に遅刻しかけたことがあるそうです（笑）。

こうした基本的なことを改めてお伝えするのは、人が話をしているとき、実は上《うわ》の空《そら》状態で聞いている人が意外に多いと感じているからです。それは、向かい合っている相手に、必ず伝わっていますよ。

「聞く基本姿勢」、できていますか？

20
危険すぎる「おしゃべりな九官鳥現象」に気をつけて

「〝しゃべりすぎた翌朝　落ち込むことの方が多い〟」by ECHOES

これは、わたしの好きな曲「ZOO」の歌詞の一節です。

「ああ……今日はしゃべりすぎてしまった……」。

こちらは、わたしの夫が仕事から帰ってきたときに、後悔に苛まれながらよくつぶやいている言葉です。

見事にリンクしています。

あなたにはこんな経験ありませんか？

自分の興味ある話題になったので、ついつい自分の熱い想いを語りまくってしまった。

自己紹介で、別に言わなくてもいいことまで長々と話してしまった。飲みの席でお酒が入っていたこともあり、つい、仕事の愚痴をしゃべりまくってしまった……。

その場では「楽しい！」と感じていても、家に帰る途中、または帰ってから、はたまた寝て起きた翌朝、何ともいえない恥ずかしい気持ちになる、あの現象……。

わたしは、あれを**「おしゃべりな九官鳥現象」**と呼んでいます。

ここで、きっぱりとお伝えします。**自分がたくさん話しすぎていいことは、まず、ありません。**

相手は〝接待〟してくれているのかも、という視点を持つ

会話をしていて、自分が饒舌《じょうぜつ》になり、「うわー、めっちゃ楽しいわー！」とあなた自身が感じているとき。それは、**限りなく赤に近い黄色信号**です。

「あなたが楽しくなっている」＝「相手はあなたの話を聞いてくれている」状態です。**つまり、相手があなたを喜ばせてくれている**のです。おもてなししてもらっているともいえます。そんな状態が、長時間続いていたとしたら……？

だめですだめです!!

あなたがゲストとしてその場に呼ばれていたり、その席があなたの誕生日パーティーだったり、明確な理由があるのなら、もちろんたくさんお話しして構いません。むしろ、あなたの話が聞きたくてみんな集まっているのですから、たくさん話すことがあなたの責任

でもあり、義務でもあります。

しかし、**ごく普通の日常生活での雑談や、飲み会などの場において、あなたが一人でしゃべりまくっていい場など、存在しない**のです。これは、しっかりと肝に銘じておく必要があります。

逆の立場になって考えてみてください。複数人での飲み会があったとします。あなたは、みんなのいろんな話が聞きたいな、と思って参加します。実際始まってみると、その中の誰か一人がずーっと話し続けていて、みんなはずっと相槌を打ち続けている。あなたは、話したかった人と会話をするタイミングを持つこともなく、その日が終わっていく。たとえ、ずーっと話していた人の話が面白かったとしても、少し残念な気持ちになりませんか？

残念な気持ちになるくらいはどうということはありませんが、一番恐ろしいのは、この、「おしゃべりな九官鳥」に自分自身がなってしまうことなのです。

「押してばかり」では相手は引いてしまう

自分に話が振られたときは、長くても3分以内に切り上げることを心がけてください。

さらに質問が飛んできたとしても、極力1分以内で質問の球を打ち返すようにしましょう。**自分が「しゃべり球《だま》」を持っている時間を極力短くする。**これが「守りのコミュニケーション」です。

守ってばかりでは、相手に自分のことを知ってもらえないじゃん、と思うかもしれません。でも、**「おしゃべりな九官鳥にならない」**と決めてからのほうが、**不思議なことにわたしを理解してくださる方が増えてきている**のです。

コミュニケーションは面白いですね。

「しゃべりすぎない」を肝に銘じる

21
「つい人の話にかぶせてしまう」が多発したときは

わたしたちぐちゃぐちゃ人間は、まだ相手が話し終わらないうちに、相手の話にかぶせて話し出してしまうことがあります。相手の話を聞いているうちに、「あ、それ知ってる！」「わたしもこんなことあったぞ！」と感じ始めると、その瞬間「伝えたい！！！」という衝動を止められなくなってしまうのです。

出ました。**わかるわかるおばけ**ですね。わかるわかるおばけには要注意です。「わたしも……」と口にしそうになったら、わかるわかるおばけがあなたのすぐそばに忍び寄っている証拠ですので、くれぐれもお気をつけください。わかるわかるおばけに支配されないためには、口を開きかけたら、手で口を覆《おお》うくらいの気合が必要です。

つい、相手の話にかぶせてしまうのはなぜなのか。

衝動性のほかに、もう一つの原因として、沈黙を恐れてしまうことがあげられます。沈黙が流れると、「話が盛り上がっていない、どうしよう！」と焦ってしまい、「何かしゃべらなければ！」と、矢継ぎ早にしゃべり出してしまうことはありませんか？

沈黙＝大切な「間」です。**わたしたちナレーター・声優や、役者さんたちは、「間」というものをとても大事にしています。**「お芝居の上手さは間の取り方で決まる」といっても過言ではないくらい、「間」は大切。なので、「魔」と書いて表現することもあるくらいです。

間にも立派な役割があるのです。何も恐れる必要はありません。しっかり間を取ってから話し始めることで、落ち着いている人だな、と感じてもらえるメリットすらあります。

普段から人の話にかぶせがちだなー、と感じている人は、**相手が話し終わって3秒数えてから話し出すようにしてみてください。**このたった3秒の〝ワンクッション〟が意外と効くのです。

わかるわかるおばけの存在に注意し、役者さながら、間を楽しむことで、話をかぶせることを防ぐことができるでしょう。

「沈黙」を恐れない

22

「自分の情報」をむやみに人に与えない

「人の口に戸は立てられない」

これは、他人が言うことを止めることはできないこと、人の噂や批判は防ぐ方法がないことを意味する慣用句です。

怖いですよね……。

どの業界でもそういうことはあると思いますが、わたしたちのナレーション業界、というのもなかなかの噂好きが集まっていると思います。

なぜそうなるのか考えたところ、わたしなりの分析ではありますが、とても不安定な業界だからです。

ナレーターの仕事は、給料制ではなく、完全出来高制です。仕事量も人によって様々で、当然、平等ではありません。また、実力があるから仕事がたくさん来る、とも限りません。運の良さだったり、人との巡り合わせだったり、一言では表せない、目に見えない何かの働きによって、お仕事があったりなかったりする……。そんな、あやふやなところがあります。これは、役者さんだったり、ミュージシャンだったり、アーティストだったり、表現者と呼ばれる職種の人たちはみんな、同じだと思います。

実力があるから必ず売れる、という世界ではなく、頑張れば報《むく》われる世界でもない。そんな状況の中にいると、人は周りのことが気になり、自分と比較して不安になってくる。そして、思考がよくない方に行くと、あの人はどうだと噂話をしたり、よくわからない批判をし始めたりしてしまうのも、仕方がないことなのかもしれません。

とはいえ、この傾向は、どの職種の方にも多かれ少なかれ当てはまることではないでしょうか。

ましてや、これまでお話ししてきたように、**わたしたちぐちゃぐちゃ人間は、あけっぴろげに、聞かれてもいないことまでペラペラと話してしまいがち。**

好きな相手を前にしたら、つい自分の大事なことを共有したくなったり、またはサービス精神が旺盛《おうせい》になったり。自己開示したくなる理由はポジティブでも、それが結果として、良くないイザコザに巻き込まれてしまう原因になることもあるので、注意が必要です。

わたしの場合のお話をご紹介しましょう。

「根拠のない噂」を立てられないためには？

わたしは若手の頃から様々な噂をされてきました。一番面白かったのが、20代の頃に広まった「中村郁は、実は40歳を超えている」という噂です（笑）。

火のないところに煙は立たない、といいますが、火がなくても煙は立ちました。何もしなくても、よくわからない噂は立つものです。

そのことを踏まえますと、**自分を守るためには、自分の情報はむやみに人に与えないほうが無難です。**

最近も、こんなことがありました。

「今度、沖縄旅行に行くんですよー」と、仕事先でお話ししました。「お！　楽しそうですね！」と好意的に捉えてくれる人が大半だとは思いますが、その情報だけが一人歩きし出すと、さあ大変。伝言ゲームのように少しずつ話が変わっていき、最終的に、**「ラスベガスでカジノ三昧《ざんまい》しに行くらしいですね」**となってしまっていたのです（汗）。

もはや旅先も目的も変わってしまい、何とも景気のいい話にすり変わっていたのです。

あけっぴろげに話し過ぎるのは、事故のもと

これは、本当にあった、何とも恐ろしい話です……。

とまあ、このようなことが起こりかねないので、自分の情報は、本当に信頼できる人にしか伝えない、と肝に銘じておきましょう。

自分を守るための、妙なトラブルに巻き込まれないためのとても大切な手段です。

また、私生活が見えにくいミステリアスな人のほうが奥が深そうで、何だか魅力的に映る、ということ、ありませんか？　自己開示も大切ですが、何でもあけっぴろげにするのではなく、少し見えないところがあるほうが、人は興味が湧くものです。

隠せるものは、隠しておきましょうね。すぐにあけっぴろげにしてしまっていたわたしが、長年かけてようやく心がけるようになった、「隠す美学」。何ともいえない、いい響きです。

23

「相手の情報」を集める

「おや？　さっきまで、この人、自分の情報を与えすぎない、とか言ってたのに、相手の情報は集めるんかーい!!」

と思われたあなた。そうなんです。守りのコミュニケーションにおいては、「自分の情報をむやみに与えない、しかし、相手の情報は集める」戦略が必要になってきます。裸一貫で臨んでは、コミュニケーションはうまくいきません。

……と、何だか腹黒そうなことを書いてしまいましたが、実際は、腹黒いことではありませんのでご安心ください。

普段の生活において、「自分の情報をむやみに与えない」ということは、完全に自分を守るための防御です。しかし、「相手の情報を集める」ということもまた、円滑なコミュニケーションには欠かせない秘策なのです。

トークショーの司会者が「仕事が決まってまずすること」とは

わたしは仕事柄、タレントさんやスポーツ選手といった著名人の方のトークショーで司会をすることがあります。

そうした仕事が決まって、まずすることは、相手の情報を集めることです。何をしている人なのか、どういう経歴の人なのか、どういう考え方をされているのか。今はネットにたくさん情報があふれていますから、ありとあらゆる情報を集めて、その人のことを多角的に知ることに努めます。

なぜ調べるのか。それは、お察しの通り、トークするにあたって、相手をきちんと知っておくためです。すなわち、**その方とお話をする際に、失礼に当たらないようにするため**です。もちろんすべてを知ることはできないので、せめて、周知の事実だったり、集められる情報はすべて集めてから相対することで、相手への敬意を表すことができます。

これは仕事に限ったことではありません。

「郁ちゃんに、○○さんという人を紹介したい」と言われた場合、わたしは前もって調べられる範囲で、きちんとその方のことを調べてから、その方にお会いするようにしています。例えばその方が書籍を出版されている方であれば、その方の書かれた書籍を読んでからお会いします。SNSをされている方であれば、一通り拝見してからお会いします。これは、礼儀の一つです。

トーク中、自分からべらべらと知っている相手の情報を伝えることはしませんが、ふとした会話の中で、「あ、ご本読みました」とか、「それ、ブログに書いてらっしゃいましたよね」とお話しすることもできますし、その方がどんなものが好きなのかを知っているか知らないかでは、こちらから投げかけるお話の内容なども変わってきます。

相手を知ることで、相手の喜ぶ会話を提供することだってできるのです。「この人は、自分のことをよく知ってくれているんだな、興味を持ってくれているんだな」と、お相手の方は、きっと喜んでくれることでしょう。

注意点は一つだけ。集めた情報の中にマイナスな話があったとしても、くれぐれもそれは口にしないようにしてくださいね。ゴシップなどもちろん口にしてはなりません。

事前に情報を集めるだけで、場を盛り上げることができる

24

大事なことを伝えるときの「一対一」のススメ

あの手この手を使って、複数人での会話で失敗しない方法をここまでに色々お伝えしておりますが、そればかりでは、あなたが誰かに伝えたいことがあるとき、伝えることができませんよね。

誰かに伝えたいことが出てきたら、必ず、一対一で話すことを心がけてください。

わたしは複数人でいるときは、これまで書いてきたとおり、完全に守りに入っておりますので、深いことを話すことはありません。自分の思いを誰かに伝えたいときは、必ず2人きりで会うようにしています。

あなたに、AさんとBさんという2人の友達がいたとします。AさんとBさんも友達です。それでも、もしあなたがAさんに何かを伝えたいときには、3人で会うのではなく、2人で会うことをおすすめします。

コミュニケーションが苦手なわたしたちが相手に何かを伝えるときには一対一を選びましょう。**第三者の存在を気にしながらになると、本当に伝えたいことの半分も伝えられません。**

わたしは自分が深く仲良くなりたいと思う相手には、必ず二人の時間を取ってもらうようにしています。相手へのリスペクトや、好きという気持ちを、誰にも気兼ねすることなく伝えることができるからです。素直な自分で、相手と接することができます。

複数人がいる前で、特定の人だけにリスペクトや好意を伝えることはなかなかできませんよね。そんなことをすべきではありません。

「〇〇さんすごいですよね！」と特定の誰かに伝えたら、その場にいる他の人たちに「俺は違うんかい！」「わたしはアカンのかい！」と思わせてしまうかもしれません。

あなたがコミュニケーションが苦手だと感じているなら、相手へのプラスの想いを伝えるときに一対一を選ぶことは、かなりの得策です。

二人きりなら、本当の想いを伝えられる

25 言いづらいことは、こんなふうに伝える
――おじいちゃんが教えてくれたこと

そして、プラスのことだけでなく、**マイナスのことを伝えるときも、実はこの一対一を選ぶことがとても大切**なのです。

この「一対一」の大切さをわたしに教えてくれたのは、祖父です。

祖父は、わたしが10歳のときに他界しました。体調を崩《くず》して病院に行くと、末期ガンだったことがわかったのです。発覚してからわずか3ヶ月でこの世を去りました。

祖父のお葬式には、たくさんの人が来てくれました。芸能人か何かのお葬式なのか？というほどの人が駆けつけてくれました。みんな大号泣していて、祖父は周囲の人からとても慕《した》われていたんだなあ……と、子どもながらに思ったことを今も覚えています。

そのお葬式のとき。若い女性が、わたしの祖母に、泣きながらこんな話をしていました。

「仲さん（祖父のことです）は、本当に素晴らしい上司でした。わたしがミスをしてしまったとき、仲さんは、『ちょっとお茶行こか』と誘ってくださった。喫茶店で、とても静か

に、なぜそのようなことになってしまったのか、聞いてくださったのです。

決して人前で叱責するようなことをしなかったんです。他の上司は遠慮なく会社でミスを指摘するのに、仲さんだけは、わたしに恥をかかせないように一対一の場を作ってくださって、わたしの気持ちをきちんと聞いてくれました」

近くにいた別の女性も、それを聞いてこうおっしゃいました。

「仲さんの『ちょっとお茶行こか』は、社内で有名でした。失敗をした人に恥をかかせない、思いやりのある上司でした」

言いづらいことを伝えるときほど「二人で」をおすすめする理由

おじいちゃんは、家では雷親父《かみなり》でした。わたしは目を三角にして怒鳴られたことが何度もあり、「またおじいちゃん怒ってるやん！」とおじいちゃんの雷には慣れっこなくらいだったので、この話はとても意外でしたが（笑）、おじいちゃんは、会社の人たちからとても好かれていて、みんなから慕われていた、とのことでした。

「確かに、バレンタインのときは抱え切れないほどチョコレートを持って帰ってきていたなあ……」と、子どものわたしは妙に納得したのでした。

そのことがわたしの胸にとても焼き付いているので、わたしも、大切なことを誰かに伝えるときは、必ず「一対一」を心がけています。

一対一を選ぶことは自分を守ることでもあり、相手を守ることにもなるのです。

大切なことを伝えるとき、大切な人と会うときは、一対一で。

少し勇気がいるかもしれませんが、あなたから、一対一を、提案してみてください。大切な人との関係を、より深くすることができますよ。

一対一で会って、話して、しっくりこなかったら、それはそこまでの関係の人です。複数人で会うくらいの関係に戻りましょう（笑）。自分から踏み出した関係も、「違うな」と感じたら、さっと引き下がることも大切です。

一対一で会うと、深く付き合える相手かどうかも早い段階でわかります。

一対一のススメ。あなたも実践してみてください。

「一対一で会うこと」は、相手を守ることにもなる

26

人間関係は定期的に見直す

先ほど、重大な事実が発覚しました。スマホの電話帳を見てみると、全員の連絡先が消えてしまっていたのです。つい先日スマホの機種変更をしたのですが、その時に移行がうまくいかなかったようです。

機種変更した後も、必要な人や仕事関係の人とはメッセージのやり取りをしていましたが、相手から送ってもらったメッセージへの返信を繰り返しておりましたので、電話帳から消えていたことに気づかなかったのでした。

ということで、**今、わたしのスマホの電話帳は空っぽ**です。過去の知り合いや、昔の仕事先の人などの連絡先が全てわからなくなったことになります。

こんな由々しき事態なのに、なぜかわたしの心は今、穏やかなのです。むしろ、とても軽やかになった気分です。

そもそも、先ほど電話帳を確認したのは、もう必要なくなった人の連絡先を削除していこう、と思ったからでした。

わたしが連絡先を消すときの基準は、この「身体感覚」

わたしは定期的にスマホの連絡帳を見直し、もう疎遠になってしまった人などを削除していくようにしています。

わたしは連絡帳に登録する際、相手の名前をニックネームで登録してしまうクセがあります。それゆえ、名前のところに「やまちゃん」と書かれていても、一体どの「やまちゃん」なのか思い出せなかったり、「美容師さん」とだけ書かれていたり、はたまた偶然、お店で隣に座って意気投合した相手と酔っ払った勢いで交換したであろう、全然記憶にない連絡先などが登録されていたり、誰が誰だかわからなくなることが多いのです（笑）。

また、かつてクビになったバイト先の店長の電話番号や、ケンカ別れしてしまった友達、よくない別れ方をした元恋人など、**ネガティブな思い出が蘇《よみがえ》ってくる人の電話番号が羅列《られつ》されているのをみると、だんだん、体のいろんな部分が重たくなってきます。**

そんなわけで定期的に連絡先を削除していっているのですが、この度、全て消えてしまっていたことがわかり、少しの不便は感じますが、それ以上に心がすっきりとしています。

削除するときの、ほんの少しの胸の痛みを感じることなく、思いがけず電話帳の整理をすることができました。

必要な人とは、何らかの手段（SNSなど）でもつながっていますし、相手のほうからメッセージを送っていただけたり、日常生活を送る中で、何らかの接触がありますので、こんなことでご縁が切れることはありません。

スマホの電話帳から消えただけで関係が切れてしまう人、というのは、もう過去の人。**あなたにとって、また相手にとって必要があれば、また必ず、連絡は取れるようになるはずです。**

あなたも電話帳を一度、改めて見直してみてください。放置していると、電話帳の連絡先は膨大な数になっていきます。そんなにたくさんの人と関わるのは、実質、不可能です。

一度ゆっくりと見直すことで、今の自分にとって大切な人がはっきりわかりますよ。ぐちゃぐちゃ人間は、定期的に人間関係を見直しましょう。

必要な人間関係なら、連絡先が消えても切れることはない

column

02 常に挑戦者でいよう

ちょっと厳しめな、もっといえばちょっと無理めなチャレンジを示されて「どう？　できる？」と聞かれたとしたら、あなたはどう答えますか？　わたしは、「いけるか？　いや、無理か？　どうだろう…」と回答に迷いかけたとき、口にする言葉があります。

それは、**「やってみます！」**という言葉です。やってみる、と口にした以上、嘘つきになりたくないので、最大限の努力で頑張ることになります。この**少し難しい課題に取り組むときこそ、人はものすごい集中力を発揮し、成長できるチャンス**なのです。

特に、わたしたちナレーターは、映像を作った監督さんの求める様々な要望に応えていかなければなりません。「こんな感じで読んでもらえる？」と言われたときに「はい！できます！」と言い切ってしまうのは、少し危険です。自分ができると思っていても、相手から見たら60点くらいにしか達していないかもしれません。すると「できる」と言ったことは、嘘になってしまいます。「全然できてへんやんけ！」と相手を怒らせてしまうかもしれません。かといって、「読めません」と言ってしまうと、じゃあお帰りください、となり、そこで試合は終了。

ここで、わたしが相手にお伝えする言葉が、「やってみます！」なのです。「相手の望むレベルのものを提供できるかわからない。でも自分の中の最大限の努力を尽くします」という意思を伝えるのに、こんなに手短で的確な言葉はありません。

また、「できます！」と言い切るより、チャレンジ精神を前面に押し出して伝えることで、自分もできなかったらどうしよう……と内心ビクビク怯《ひる》むことなく、自由にチャレンジすることができます。相手も、でできたものの良し悪しよりも、チャレンジしようとする、あなたのその態度を評価してくれます。

「やってみると言って、できなかったらどうしよう」と悩む必要はありません。あなたは、「できる」とは言い切っていないのです。**嘘はついていません。**

やってみてできなかったら恥ずかしい、と物怖じしてしまう人もいるでしょう。そんな方は一旦、プライドを捨ててしまうことです。恥をかいてもいい。とにかく、やってみることです。やらなかったら、そこでおしまいです。やってみて、意外にできちゃったら、超ラッキーです。ここでは**あなたのチャレンジする姿を相手に見てもらうことが大切**なのです。失敗してもいいのです。常に挑戦者であり続ける姿は、人の心を動かします。

3章

「あれこれ考えて動けない」ときの対処法

「空気が読めなくても大丈夫」になる行動指針

27 人間関係って、本当は難しくない

「人間関係は難しい」

これは、一般的によく言われることですよね。

オーストリアの心理学者であり精神科医であるアルフレッド・アドラーも「人間の悩みは全て対人関係の悩みである」と言い切ってしまうほどですから、間違いありません。

人間の悩みは、他者と関わることで生まれます。自分のコンプレックスさえも、他者と自分を比較することから生まれるので、人と関わることが人間にもたらす悩みというのは、何よりも大きいものであるといえます。

わたしも、かつては、人間関係って難しいなあ、ややこしいなあ、とずっと悩んでいました。

しかし、あるとき、パッと吹っ切れたのです。

そのきっかけとなったのは、コロナ禍でした。

コロナ禍がわたしに教えてくれたこと

それまでの日常生活が突然失われ、人と普通に会うことができなくなったあの期間に、わたしの考え方はガラリと変わりました。

会いたいと思う人に自由に会えない。そのときに、会いたいな……と、目の前に思い浮かぶ人の顔というのは、ほんの数人しかいない、ということに気づいたのです。

コロナ禍までのわたしは、お付き合いの飲み会、知り合いの集まり、様々なところに呼ばれては顔を出して、知人の数だけは、歳を重ねるごとに半端なく増えていきました。生きていればどんどん人に出会うのですから、知り合いが増えていくのは当たり前のことです。もともと、広く浅くという付き合いが苦手、ということを自分で理解しているにもかかわらず、わたしは人から誘われると断ることができませんでした。

その理由は、主に次の３つでした。

①相手に嫌われたくないから
②相手によく思われたいから

③付き合いが悪い人間だと思われたくないから

つまり「他人からどう思われるか？」に意識が向きすぎていたのです。

コロナ禍においては、人と会うことが良しとされませんでしたので、この3つのことを考える必要が全くなくなりました。

すると、わたしの中で「人間関係」というものがとても軽やかで心地の良いものに変わったのです。

自分が大好きな人と、楽しい時間を共有したい。

自分が大好きな人を、喜ばせたい。

わたしが人間関係に求めていたのは、ただそれだけなのだ、ということに気づいたのでした。

「他者の目」よりも「自分の気持ち」を優先しよう

28

「人の目」が怖くなったら、こう考える

前項では、**人間関係で生まれる悩みの原因は「相手にどう思われるか」を気にしすぎるところにある**、とわたしが気づいたときの話をしました。

相手の目を怖がることで、自分の自由な選択さえできなくなる。

「～しないと嫌われるのでは」という思いに縛られて行動を決めなければならないのは、とても残念でもったいないことです。

もったいないだけでなく、相手に迷惑をかけることになるかもしれません。なぜなら、この状態では、わたしたちは自分の行動を自分の意志で決めることができていないので、何かイヤなことが起きたとき、相手のせいにしてしまうかもしれないからです。

ですが、なかなか急には思考を切り替えられない人のほうが多いと思います。特に日本は「和を以て貴しとなす」がよしとされているので、自分の意思や希望を押し通すことに

後ろめたさを感じる人が多い気がします。

例えば、「みんなが行く集まりに自分だけ行かなかったら、嫌われてしまうのでは？」と考えてしまう傾向が強いのかもしれません。

発想を転換させる、とっておきの方法

もし、そんな考えに縛られそうになったら、このように考えてみてください。

「もし明日、世界が終わるとしたら、あなたは誰に一番会いたいですか？」

もう少し広げてみましょう。

「もし1ヶ月後、世界が終わるとして、会える人の数が限られるとしたら、誰の顔があなたの目の前に浮かぶでしょうか」

いかがでしたか？「断ったら嫌われるのでは……」と感じるような相手の顔は、まず浮かんでこないと思うのです。

今、あなたの目の前に顔が浮かんだ人を大切にしていきましょう。

「嫌われたらどうしよう……」という考えを一切手放すと、とたんに人間関係はシンプル

になり、何も難しいものではなくなります。あなたが大切に思う人との関係を、より良くしていくことに専念しましょう。外野には嫌われても別に構いません。

人が一生のうちで付き合える人数は限られています。たった一度の人生。限られた大切な時間を、大切な人と楽しく過ごしていきましょう。

そうはいっても、現実として、どうしても付き合わなければならない人や参加しないといけない場所というのは出てきます。そんなとき、**空気を読むのが苦手なぐちゃぐちゃ人間は、あーでもない、こーでもないと考えすぎて、どう動けばいいのかわからなくなってしまうことがよくあります。**

この章では、そのような場においても、人間関係が難しくなくなるたくさんのテクニックをご紹介していきたいと思います。

悩んだときは「明日、世界が終わるとしたら……」と想像してみる

29

飲み会では「自分がそこにいていい理由」をつくる

大人になると、お付き合いの飲み会、というのは避けて通ることができません。わたしはお酒を飲むのは大好きなのですが、飲み会は飲み会でも、**大人数の飲み会やパーティーは非常に苦手**です。

席が決まっていない場合、どこに座ればいいのかわからず困ってしまいますし、パーティーなどで席が決まっていた場合、親しい人が近くにいれば、その会は「安心な会」となりますが、顔見知り程度、または、あまり知らない人と同じテーブルになってしまった場合、どのように過ごせばいいのかわからず、目は泳ぎ、おろおろとしてしまいます。

それでも何とかその場に存在し、ようやく落ち着いてきたと思ったら、「せっかくなので席替えしましょう～！」などと声がかかると、「ちょっと待って、やめてください……」とその場から逃げ出したい気持ちになってしまいます。そんなわたしなので、飲み会を何とかうまくやりすごす術を探し続けておりましたが、いくつか、かなり役に立つ方法を見つけましたので、ご紹介させていただきます。

①サラダを取り分ける

飲み会では、一人一人小分けの提供でない限り、最初の料理としてサラダがテーブルに運ばれてきます。

ここが**最初の勝負**です。

まず、サラダを取り分ける役を、何としてでも奪い取るのです。サラダが運ばれてきたら、サラダと一緒についてくるトングを、誰よりも早くつかみ取ってください。そして、テーブルの人数分、サラダを取り分けていく。

ただこれだけなのですが、**サラダを取り分けることで、まずあなたは一つ仕事をすることになりますよね。**まだ飲み会は始まったばかりで、お酒も回っていない状態ですので、周りの人は「あ、この人、サラダ取り分けてくれた！」といい印象を持ってくれて、気の利く人として記憶に残るでしょう。

また**サラダを取り、お皿をお渡しするときに、「どうぞ」と声をかけることで、初対面の人とも軽くコミュニケーションを取ることができます。**これで、あなたは、しっかりと役割を果たしたことになります。

その日、その場に存在していい理由ができるのです。

大人数の飲み会がしんどいのは、**自分の存在理由がはっきりしないから**です。ならば、そこにいていい理由を作ってしまいましょう。

ちなみに、取り分けが苦手でも下手でも、全然構いません。取り分けようとする姿勢を見せることに意味があるのです。回数を重ねるごとに、分けるのはどんどん上手になっていきますよ。

②人のグラス残量をチェックすることに全力を注ぐ

サラダを取り分けた後は、もうあなたはきちんと役割を果たしましたので、のんびりしていて大丈夫です！

とはいえ、それでも何だか居心地があまりよくない、またはリラックスできる空気でないな、と感じることがあると思います。そんなときは、**周りの人のグラスの中の飲みものの残量をチェックしましょう。**飲みものがなくなりそうになっている方がいたら、「おかわりいかがですか？」とお声がけするのです。

人は誰かと会話しているとき、自分の飲みものがなくなりかけていても、なかなか話を中断してまで、おかわりを頼むことができません。**ならば、あなたが代わりに頼んであげましょう。**お店の人に頼みに行くついでに、外の空気を吸いに行って気分をリフレッシュしてもいいですね。あなたの飲みものもなくなりかけていたら、ついでに頼むこともできて、一石二鳥です。

無理に「誰かと話そう」としなくていい！

誰かと無理やりコミュニケーションを取ろうとするから疲れるし、場合によっては疎外感を覚えるのです。

大人数飲み会は、その場を何となくやり過ごすだけで十分。一人でポツンとしていて可哀想、と周りから心配される状態にならないことが大切です。

わたしは、ポツン、となりそうになったら、何となく楽しそうな雰囲気に紛《まぎ》れておくために、グラスチェックをしまくって、会場内をウロウロ動き回っています。そんなことをしているうちに飲み会は終わります（笑）。

とはいえ、これらはあくまで、何となく居心地のよくない飲み会でのやり過ごし方です。今日は来るんじゃなかったな……。何か場違いだったな……。そんなふうに感じたときに、ぜひ試してみてください。

楽しくお話しできる空気だったり、あなたがリラックスできる飲み会は、心置きなく楽しんでくださいね。

会話に交じれなくたって、飲み会はやり過ごせます!

30 大人数パーティーはあえて「5分」遅れていく

前項で大人数飲み会のやり過ごし方をお伝えしましたが、飲み会の第一関門は、**飲み会会場に入る瞬間**、です。

わたしは早く着いてしまった場合も、付近をウロウロして時間を潰し、時間ギリギリになって会場の前で深呼吸をし、「よし」とつぶやき、覚悟を決めないと、飲み会会場の扉を開けることができない人間です。

覚悟を決めて扉を開けると、そこはザワザワしていて、みんなが雑談をしています。座る場所もあいまいで、どこに座ればいいのかわからない。席が決まっていた場合も、隣の人としゃべるべきなのか、どうなのか……。

雑談が得意でないわたしは、この空気感がとてつもなく苦手。「早く飲み会始まってくれ。早く乾杯の挨拶をーーー！」と、いつも心の中で叫んでいました。

いざ始まってしまえば、先ほどご紹介したサラダ取り分け術やグラス残量チェック術で何とかなるのですが、この乾杯までの時間は本当に苦痛で、**まさに地獄**といっても過言ではありません。

友人が教えてくれた「5分遅れ術」

あるとき、友人にこのことを相談すると、こんな答えが返ってきました。

「自分は、大人数飲み会の時は、いつもあえて5分遅れて行ってるよ」

これには驚きました。これまでその友人とは同じ大人数飲み会に何度か一緒に参加していましたが、わたしは友人が5分遅れてきていることに気づいたことがなかったのです。

早速、わたしは「5分遅れ術」を試してみました。

会場に入ると、まだみんな、ざわざわと雑談をしています。大体の席は埋まっていますので、どこに座ろうかと迷う必要もありません。わたしは自然な流れで、空いているところにちょこんと座りました。荷物をおろしたり、乾杯のビールをついでもらったり、身の回りの整理をしたりしていると、まもなく幹事の方による乾杯の挨拶が！！！

ベストタイミング！！！

大人数飲み会の入り方の最適解を見つけたのでした。

もちろんわたしが遅れてきたことなど、誰も気づいてもおらず、わたしもあの乾杯前の胸のざわざわを感じることなく、スムーズに飲み会に入っていくことができました。乾杯には間に合っていますし、遅れた感はゼロ。罪悪感を抱くこともありません。

何事も、最初が肝心です。あなたも、もし、あの乾杯前のざわざわタイムが苦手だとしたら、5分遅れ術を試してみてください。とてもおすすめです。

ただし、これは大人数飲み会に限ります。

少人数の飲み会だと、あなたの到着を待ってくれる人がいる可能性があるので、遅れてはいけません。乾杯時間があなたのせいで遅くなり、よけいに気まずい思いをすることになります。大人数のとき、試してみてください。

最初の「ざわざわタイム」に存在しなくてもいい

31

集団に属したら、何か一つ「自分の役割」を探す

「集団」という言葉を聞くと、あなたはどのように感じますか？　ワクワクしますか？　それとも、何だか憂うつな気持ちになりますか？

わたしは後者です。

そして**「属する」という言葉も、苦手**です。

基本的に、集団に属することができる性質ではないから、個人事業主であるナレーターという仕事を選んでいますし、できることなら、何の組織にも属したくない。

でも、それは実際のところ難しいです。無人島にでも行かない限り、人は人と全く関わらずに生きていくことはできないからです。

わたしの場合、仕事上の肩書は自営業ですが、事務所には所属しています。テレビ番組のナレーションをしていますが、テレビ局の人たちと関わらずにナレーションをすることなど不可能です。また、こうして本を書いたりしていますが、それも一人で完結すること

はなく、出版社のみなさんとの関わりなくしては何もできません。

しかし、不思議なことに、わたしはナレーションの仕事をするときも、本関係の仕事をするときも、集団に属して憂うつな気分になることは全くありません。

それは一体なぜなのか。**自分の役割が決まっているから**です。

ナレーションの仕事現場なら、ナレーションをすること。本のお仕事なら、執筆をすること。わたしの役割は決まっています。だから何をしたらいいかわからなくてソワソワする、というあの憂うつな不安感が生まれないのです。

なぜ集団行動が苦手なわたしが「自助会」を主宰しているのか？

では、自分の役割がはっきりしていない集団の中ではどうすれば良いのでしょう。

そうです。**自分の役割を自分でつくってしまえば良い**のです。

何かの集団に入ってしまうことになったら、いち早く自分の役割をしっかりつくればいいのです。これは、130ページの飲み会のお話でもお伝えしました。

わたしは、発達障害の特性を持つ人たちの当事者会、「ぐちゃぐちゃ頭の活かし方」なるものを主宰しています。これも、いうなれば、「集団」です。本来なら、わたしが憂うつになるものです。しかし、わたしはこの会で憂うつになることはありません。**自分には「主宰者という役割」がしっかりあるから**、です。会の告知をし、会をまとめて、来てくださった方のお話に耳を傾け、お話しする。役割があるため、本来苦手な集団でも、全く心の負担を感じることなく過ごすことができています。

集団が苦手、というクセを克服するには、「自分が主宰者になってしまう」というのも一つの手です。出版パーティーなどもわたしは主宰しますが、自分が主宰のときは、あのソワソワ感を感じている余裕なんてありません。

自分にもできる「役割」なら、何でもOK！

わたしが主宰する自助会に参加してくださる方の中には、あの「自分が一体何をしたらいいのかわからないソワソワ感」を感じておられそうな方も、多く見受けられます。

そんな中で、お一人、とても板書がうまい方がおられました。彼は自ら申し出て、わたしたちの話をホワイトボードに見事にまとめていってくれたのです。ところどころに可愛いイラストも入れながら。みんな、彼の書くホワイトボードに感動し、ご本人もとても誇らしそう。あの「集団の中で感じるソワソワ感」を感じている様子が全くありません。

彼は、一つ、自分でその日の役割を見つけたのです。

集団に属したら、自分にできることで、役割を見つけましょう。なるべくすばやく。人にその仕事を取られる前に！（笑）

それは、お茶を淹《い》れる作業でも、書類を配る作業でも、机や椅子を並べる作業でも何でも構いません。とにかく、何かをする役になれば、あのソワソワ感から解放されることになりますよ。

何も役割が見つからなかったら、**「そこに座っている人の役」**を演じている気持ちで、堂々と座ってやり過ごしましょう。誰にも怒られることはありません。

要は、ソワソワしてしまうのは、周りの目を気にしすぎなのです。何とかなります。強気にいきましょう。

「何かをしている役」になり切ろう

32

〝お付き合い〟に全力投球しない――「半分幽体離脱法」をマスターせよ！

職場の飲み会、断り切れなかった知人からのパーティーの誘い、子どもの学校の保護者の集い……。これらに共通する〝あること〟にお気づきでしょうか。

そう、これらはすべて、**「お互いのことをよく知らない、それほど仲良くない人たちと、まあまあな長時間を共に過ごす場」**です。

当然、勝手もわかりませんし、気の合う人ばかりではありません。場合によっては、突然お説教めいた話を始める人や、周りの空気感も気にせず自分の話を長々語りだす人、ものっすごいハイテンションで突然話しかけてくる人、やんわりと自分のことを仲間外れにして物事を進めようとしてくる人……など、**こちらが自らの心に何らかの装備を施して臨まないと、大ダメージを受けてしまうような人々に出会うことすらあります。**

何事も全力投球で、まっすぐに受け止めがちなわたしたちぐちゃぐちゃ人間は、こうした場に無防備な状態で出向くことは、できるだけ避けましょう。無駄に傷つくことになりかねませんから。

こういうときは、何かしらの〝装備〟となる方法を覚えておくことです。ここでは、そんなときにとっておきの装備の一つ、**「半分幽体離脱法」**をご紹介いたします。

この方法を編み出したのは、わたしと同じ発達障害の特性を持ち、コミュニケーションに困難を抱える我が夫、その人です。

「お付き合いの時間」を、つつがなく乗り切るために

彼がこの方法を確立したのは、わたしたちが住む地域の自治会で班長に抜擢され、その集まりにたびたび出席しなければならなくなったからです。

「誰」が「何さん」かもわからないざっくりとした集まりで、その場に参加される方々の年齢層も幅広い。お互いのことをよく知らないから、探り探りのコミュニケーションを取りつつ、場を乱すことなく、その場に存在し続けないといけない……。

その数時間を乗り切るために、彼は、こう思い込むことにしたんだそうです。

「そこにいるのは自分の魂だけで、実際の肉体（本体）は自宅にいる」

つまり、自分は幽体離脱している、ということにしたのだそうです。

……これだけですと、まだ何をいっているのか分からないと思いますので、夫の思考をもとに、説明いたします。彼の思考はこうです。

もし現場に赴《おもむ》いている自分の魂が、何かイヤな目に遭っていたとしても、その時、自分の本体は、自宅でのんびりと大好きな音楽を聴きながらコーヒーを飲んで過ごしているのだ。そういうことにしてしまおう。

しかし待てよ、完全に幽体離脱してしまうと、自宅にいる本体は抜け殻《がら》になってしまって、現地に赴いている魂が１００％のダメージを受けてしまうじゃないか。

ならば、「半分だけ」幽体離脱させてしまおう。そうすれば、受けるダメージも半分になるし、残る半分の意識を使って、本体を自宅でリラックスさせることも可能だ！

……ここまで書いてみて、みなさんにきちんと伝わっているのか非常に不安ですが、要するに、**「自分を半分だけ現地に赴かせているイメージで、その場に存在してみる」**ということです。

ここには自分の魂の半分だけしか来ていないわけだから、喜怒哀楽も半分しかないのだ。

夫はそう考え、**周りからの働きかけにも何だか反応が薄く、うっすらと笑みをたたえながら、いつもよりも半分ぐらいの小さい声でしゃべるようにしている**のだそうです。

少し不気味ではありますが（笑）、そこまで徹底的にこだわることによって、より「半分幽体離脱」のイメージは現実味を帯び、心が受けるダメージを軽減できる、とのこと。

みなさんも、実践されるときはぜひ、声量も反応も喜怒哀楽も、全てを半分にして、しっかりと「半分幽体離脱」をイメージしてみてください。そしてそのイメージの中で、自分の本体は今、自宅で誰にも邪魔をされることなくゆったりと趣味の時間を過ごしているのだ、と考えることができれば、大成功です。

「お付き合い」にあなたの心を全力投球する必要はありません。

無駄に傷つく必要もありません。

あなたの心を、あなたにとって優先順位の低いものから、しっかりと守ってください。

「お付き合いの場」には、半分の魂で挑めば十分！

33 そんなつもりはないのに「愛想がない」と言われてしまう人へ

突然ですが、「ブス」という言葉がありますね。これを漢字では「附子」と書きます。

「ブス」とは、今では一般に「容姿が劣ること」、「醜い顔」の意味で使われていますが、昔は、違う意味で使われていたのをご存じですか？

「附子」とは、美しいけれど毒を持つトリカブトという植物の塊根《かいこん》を意味する言葉です。トリカブトの塊根は、かつて漢方としても使われていたそうです。しかし、間違った摂取の仕方をすると神経が麻痺《まひ》し、無表情になってしまうということから、昔は、「ブス」＝「無表情」という意味で使われていたそうです。

ということは、どんなに容姿端麗な美人であっても、無表情であれば、「ブス」ということになります。

「逆にいえば、どのような容姿であっても、表情豊かでさえあれば『ブス』ではない！！！」

わたしはこのことを知ったとき、心の底から救われた気がしました。自分の顔面を見てはため息をついていたわたしでしたが、中学生の頃、この言葉の由来を知って、何だか希望が湧いてきたのです。

30ページで触れたように、幼稚園の頃から常に眉間にシワを寄せていたほど、これまで笑顔とは縁のなかったわたしです。しかし試しに、鏡の前で、口角を上げてみました。引きつってはいるけど、無表情よりは、幾分かよい感じです。

試しに、目にも力を入れてみました。少し、目を大きく開くようなイメージです。

あれ、これだけで、いつもよりいい感じに見える?!

そう気づいてからは、わたしは外出時、一人で歩いているときも、常に自分の顔の「目」と「口角」には、若干力を入れるようになりました。

長年それを意識してやり続けたせいか、今ではわたしの顔の筋肉がその状態で固定され、意識しなくても、常に笑っているように見える顔になっているそうです(笑)。

さて、前置きが長くなりました。

あなたがもし「自分はコミュニケーションが苦手だ」と感じているとしたら。

そして、そんなつもりはないのに「愛想がない」と言われがちだとしたら。

または、「なぜか第一印象が良くないようだ」と悩んでいるとしたら。

とりあえず、笑顔をつくる練習から始めてもらいたいと思います。

「笑顔」はつくり出すことができる

わたしのようなナレーターの仕事は、ナレーションを読むことが仕事ですが、それ以前に、仕事現場に入る瞬間から、仕事はスタートしています。「おはようございます!」と挨拶するところから、もう、周りの人の目は、自分に注がれているのです(これはどの職種であっても同じかもしれませんね)。

挨拶のときに、あれやこれや考えて、無理にしゃべりまくる必要はありません。

ただ、挨拶してニッコリ笑う。

これだけで、OKなのです。

その後の雑談も、自分が何か面白いことを話さなくても、大丈夫。

ニッコリしながら相槌を打って、座っていればいいのです。

わたしは、仕事現場では「明るい人」というイメージを持っていただいているようなの

ですが、実のところ、何も面白い話などはしていなくて、ただ笑顔で座っているだけなのです。

コミュニケーションが苦手な人への〝鉄板〟アドバイス

わたしはよく、事務所の後輩から、「どうやって現場の人とコミュニケーションを取ったらいいのかわかりません」と相談を受けます。

その時に決まって伝えることは、ただ一つ。

「とりあえず笑っとけ」ということです。

あなたの周りにもいませんか？　いつもニコニコしている人。

複数人が同じ空間にいるとき、その中にニコニコしている人が存在しているだけで、なんだか安心しますし、優しくてあたたかい気持ちになりますよね。

特に話さなくても、ニコニコしている人、というのは、ただそれだけで人の気持ちをあたたかくするひだまりのような役割を果たしてくれています。

あなたがもしコミュニケーションが苦手だと感じているなら、ぜひ、そんなあなたこそ、そのひだまりになってください。

繰り返しますが、顔のつくりは関係ありません。表情のある人は、ただそれだけで美しい。ブスではないのです。誰にも、「ブス」とはいわせないぞ！　という誇りを持って、笑顔で過ごしましょう。


笑顔は周りをあたたかくすると同時に、自分自身を守ってくれます。


まずは鏡の前で、ニーッと口角を上げてみるところから始めてみてくださいね。最初はぎこちなくても、だんだん筋肉が鍛えられ、笑顔が定着していきます。

怒ってばかりいると、眉間に深くシワが刻まれますよね。これは、その逆パターン。笑顔を刻み込みましょう。

表情豊かな人は愛されます。顔の筋肉を鍛えていきましょう。

笑顔はコミュニケーションにおける「最強の武器」なのです！

34

あなたが断っても「相手はさほど困らない」

あなたは人から何かを頼まれたとき、気軽に断ることができるタイプですか？

わたしは、なかなか断ることができないタイプです。どんどん自分のキャパを超えて引き受けてしまう人間でした。

なぜなら、**わたしたちぐちゃぐちゃ人間は、つい気にしすぎてしまうところがあるからです。**

断わったら相手は困らないかな、がっかりされないかな、など考えすぎて、自分の許容量を超えているにもかかわらず、「ＹＥＳ！」と引き受けてしまう……。

これは後々、自分を苦しめることにもなりますし、例えば、「大変だな……」、少しつらいな……」と思いながら引き受けることは、相手にとっても決してうれしいことではありません。

もし、自分が逆の立場だったらどうでしょう。いやいや引き受けてもらっても、うれしい気持ちにはなりませんよね。

そう頭ではわかっていても、相手を前にすると、どうしても断れない。

わたしもそういうタイプだったのですが、ある出来事をきっかけに、ガラリとこの考え方を変えることになりました。

それまで「断る」をしたことがなかったわたし。しかし……

わたしは、二度出産をしています。仕事大好き人間なので、産後一ヶ月で復帰しました（よく驚かれるのですが、ナレーションの仕事はウロウロ動いたりしませんし、短時間のお仕事であることが多いので、産後すぐに復帰できた、という事情があります）。

さて、わたしはナレーションの仕事以外に、司会のお仕事もしています。出産前からずっと、長年続けさせていただいていた、あるイベントの司会は、一年に一度必ずあり、わたしは毎年、担当させてもらっていました。

一人目を出産した3ヶ月後に、そのイベントは開催されました。もちろん、わたしは迷うことなく引き受けました。

しかし、産後まもなくの体は、想像していた以上に、長時間の司会の仕事には向いていいなかったようです……。

4時間毎に胸に母乳が溜《た》まってパンパンに張ってくるため、そのたびにトイレに駆け込んで、休憩時間中に搾乳しなければならない。人知れず乳搾《しぼ》りをして、また司会進行に戻る……。仕事は無事に終わりましたが、なかなか過酷で大変だったのでした。

そんな一人目出産後の司会だったのですが、ありがたいことに、その後も継続して毎年、司会をさせていただきました。

3年後、わたしは二人目の子供を出産しました。二人目のときも、産後一ヶ月で仕事に復帰しました。そして、毎年指名をいただいていた、そのイベントの司会のお仕事のご依頼をいただきました。

そのとき、事務所のスタッフさんが、一言、聞いてくださいました。

「どうされますか？（出産直後で）大変ではないですか？」

その一言がなければ、今回も、わたしは当然のように引き受けていたでしょう。しかし、スタッフさんのおかげで、一度、立ち止まって考えてみることができたのです。そして思い出したのです。3年前の乳搾りをしながらの司会は、相当きついものだったことを。

わたしはそれまで自分にご依頼いただいた仕事は一度も断ったことがありませんでし

た。中村さんにお願いしたい、と思ってくださる方の気持ちに応えたい、という思いが強く、自分を指名してくださる方がいることをとてもうれしく思っていたので、極力、断りたくなかったのです。

しかし、このときはじめて、勇気を出して「断ること」を選びました。

ご依頼主が、わたしを選んでくださっていたポイントがいくつかあったので、その点を事務所スタッフにお伝えし、自分の代役にふさわしい方を選んでいただきました。結果、イベントは大成功したそうです。

それを聞いたとき、とてもうれしく思いました。自分が引き受けるのが最善だと思っていましたが、無理して体にムチを打ってわたしがそこに行くよりも、よりよいイベントになる解決策は別にあったのです。

自分でなくても、大丈夫。

それを、身を持って知ったのです。

もっと人に頼っていい、甘えていい

自分じゃなきゃだめだ、わたしが断ったら相手は困る、と考えてしまうのは無理のないことです。

でも、この世の中、**絶対に自分がやらなければならない、という仕事や役割は、実は存在しません。**テレビで毎日見るような有名芸能人が引退しても、テレビ業界には、また新たなスターが現れて、普通に回転していきますよね。

悲しいことのように思いますが、ここではこれをプラスに捉えてお伝えしています。

自分のキャパを超えて引き受け続けていたら、いつか壊れます。そうなる前に。あなたが断っても、誰かがやってくれる。そう考えると、断るのが少しラクになると思います。ズタボロになってまでやらなければならないことは、何もありません。大きな無理をして壊れてしまっては、意味がありません。

まずは、自分を大切にしていいのです。

「自分でなくても大丈夫なこともある」とわかると、肩の荷を下ろせる

35

「自分はそうは思わない」だけは、空気を読まずに言ったほうがいい

あなたは自分の意見を口に出して言うことは得意ですか？

わたしは割と自分の考えを口に出すことは得意、というか、むしろ思ったことや感じたことは口に出さずにはいられない質なのですが、**様々な条件がそろったとき、自分の意見を言えなくなることがあります。**

心当たりがある方もいるでしょう。人それぞれ、言いたいことが言えなくなってしまうトリガー（要因）は異なると思いますが、わたしの場合は、自分が物怖じしてしまう環境だったり、高圧的な態度の人を前にしたりするとき、とたんに本心を口に出せなくなってしまうことがあります。**しかし、わたしはそれによって大きな失敗をしたことがあるのです。**

苦手な人、怖い人の前では言いたいことを言えなかった過去

新人の頃、選挙のウグイス嬢のお仕事をしたときのことです。

わたしは、はじめていただいたウグイス嬢のお仕事に、真剣に取り組んでいました。事務所に所属して間もない頃にメンバーに選んでいただいたので、新人なりに、不慣れでもしっかりその仕事をやり切ろうと、やる気に燃えていました。

そんな中、仕事に向かう途中、同期に会いました。同期は、わたしにこう言いました。

「この選挙の仕事、だるいよね。キャンペーンガールのほうがいいなあ」

実はこのとき、わたしは内心、彼女のことを恐れていました。それまでに何度も「郁ちゃんって地味だよね」「服装がダサいよね」と傷つくことを言われてきたからです。

ここで彼女の意見に異を唱えると、また意地悪をされるのではないか、とビクビクしたわたしは、「そうなの？」とだけ返しました。

その後も彼女は、ウグイス嬢の仕事への文句を言い続けていましたが、否定することはせず、黙って聞いていました。

現場に到着。わたしはそこで、**世にも恐ろしい体験**をすることになったのです……。

先に現場に入っている先輩たちに、「おはようございます！」と挨拶をした瞬間。

彼女が突然、衝撃の発言をしたのです。

「聞いてくださいよー！　郁ちゃん、選挙の仕事イヤなんですって！　キャンペーンガールの仕事がしたかったばっかり言うんですー！」

わたしは、絶句。「そんなこと言ってません……」と小さくうつむきながら呟《つぶや》くことしかできませんでした。

わたしはこのとき以来、**たとえ相手がどんなに高圧的であったり、怖い人であっても、自分の意志はしっかり伝えよう**と心に誓いました。

誰かが人の悪口を言っているとき、何となく相槌を打っていたら、自分が悪口を言っていたことになってしまう恐れがある。自分がその人を悪く思っているわけではないにもかかわらず、です。そんな恐ろしいことはありません。

ですので、**わたしは、「自分はそうは思わない」ということは、どんなときでもはっきり伝えるようにしています。**これをずっと徹底しているので、妙ないざこざに巻き込まれることはなくなりました。

つい「後回しにしがちなこと」ほど、大切です

目の前の相手を恐れて、自分の意見を言わないことは、後々自分を苦しめることになり

ます。 特に「自分はそうは思わない」というときは、自分の意見は必ず伝えるようにしましょう。

もし、それで関係がうまくいかなくなったとしても、そのような相手は、それまでの相手。**早い段階で離れることができてむしろ良かった**、と捉えることをおすすめします。どうか目の前の巨人に屈せず、自分の意見はしっかり伝えるようにしてください。

一貫した姿勢でいる人は、人から信頼されます。どうか流されないでください。自分の意見を正直に伝えるだけで、あらゆる危険から身を守ることができます。

ちなみに、先ほど登場した同期は、数年後、フッと事務所をやめてしまいました。わたしは彼女に怯えていましたが、彼女もまた、わたしの知らないところで何かに怯えていたのかもしれません。世の中って、厳しいなあ……。

〝絶対に〟自分の意見を伝えたほうがいい場合がある

36

どうしても決められないときは「あみだくじ」

わたしは非常に優柔不断な人間です。ランチを食べるためにごはん屋さんに入ると、メニューがなかなか決められず、

「うーん、このハンバーグランチとこっちの唐揚げランチ、どっちがいいと思う?」と夫に聞いて、そんなことくらい自分で決めてくれ、と言われたこともあります。

決めることは、とても勇気がいります。

しかし、**結局のところ、どの選択肢を選んでも、間違いということはない**のです。

先ほどの、ハンバーグランチと唐揚げランチ。これは、たくさんあるメニューの選択肢の中から、すでにこの2つを選んでいますよね。最後の最後、大好物のもの2つ、どちらを選ぶかで悩んでいるわけです。ですから、どちらを選んだとしても、わたしの大嫌いなグリーンピースが大量に入った料理が出てくるという最悪の出来事は起きません。

ある意味、**どちらを選んでも正解**なのです。

「賢い割り切り」ができるようになる便利アイテム

　ですが、わたしは人生の大きな選択においては、あまり迷うことがありません。直感を大事にしているので、ピンときた方を選びます。

それでも、ごくまれに2つの選択肢で悩むことが訪れたら、「あみだくじ」で決めるようにしています。やり方は簡単。子供の頃にやっていた、あのあみだくじです。線をたくさん引いてつくっていく、例のアレです。

　例えばあなたが、このまま会社に残るか、独立して会社を立ちあげるかで、長い間悩んでいたとしましょう。

人は長く悩みすぎると、全く前に進めなくなってしまいます。考えに考えて考えた末、もうどうしたらいいかわからない。そうなったら、最終手段は、あみだくじです。「残る」と「独立」をゴールにして、あみだくじをつくるのです。

　ここで一つ、ポイントをお伝えします。中村郁流あみだくじでは、人生において重要度の高い選択の場合は、横線を大量に引くようにします。**どこにたどり着くか予想もつかないくらい、横線を入れまくりましょう。**

「あちこちへ動きながら、さんざん迷った末にたどり着いたあみだくじのゴールならば、受け入れるしかなくなるぞ」。そう自分に言い聞かせながら、横線を入れまくるのです。そして、答えが出たら、その答えに従って動き始めましょう。**動き始めて、「違うな」と思ったら、またやり直せばいい**のです。大切なのは、決断して動くことなのです。

後悔先に立たず、という言葉がありますね。後悔は先に立たないかもしれませんが、失敗したらまたやり直すことはできます。**動かなければ、何も事態は動きません。**

様々なことを気にして、動けなくなるあなた。最終手段として、このあみだくじという手段があることを覚えておいてください。

さて、わたしは今夜の晩ご飯メニューを、大好きな「冷製トマトパスタ」にするか、ネットで話題になっている「暗殺者のパスタ」にするか決め切れないので、今からあみだくじをしようと思います。

「間違うのを恐れる」よりも「とにかく動く！」で道が拓ける

37

「メッセージの文章量」は相手に合わせる

コミュニケーションツールとしてわたしが一番よく使っているのは、LINEです。その次にFacebookのメッセンジャー。仕事に関するものはメールを使います。

わたしたちぐちゃぐちゃ人間は、メッセージのやり取りにおいても、注意が必要です。

今すぐ、LINEを開いてみてください。誰でも結構ですので、トークルームを開いてみてください。

メッセージはちゃんと相手とキャッチボールになっていますか？

相手から返事がないのに、立て続けにメッセージを送ったりしていないでしょうか？

そんなことしないよ！　と思ったそこのあなた。大変失礼しました……。

実はこれ、バリバリのぐちゃぐちゃ人間であるわたしが、これまで何度もやらかしてきたことなのです。

返事が来る前に、立て続けにメッセージを送る。なぜ相手からの返信を待つことができないのか。これは、発達障害の特性による影響が大きいのではないか……とわたしはにらんでいます。

伝えたいことを後から後から思いつき、ポンポン送りつけてしまったり、相手の状況を考えず、返事を急かすようなことを書いてしまったり……。巻物か？　と思われるような長文のメッセージを送ってしまったり……。

どんなに大好きな人でも、またどんなに相手が自分を好きでいてくれたとしても、立て続けにメッセージが送られてきたら……。

怖いですよね。

「自分なりの基準」を決めたことでわかったこと

そんなやばい自分を断ち切るため、わたしはメッセージのやり取りにおいて、一つ決め事をしました。

メッセージの量を、完全に相手と合わせることにしたのです。送る頻度だけでなく、送る文章量も絵文字の量も徹底的に相手に合わせるようにしました。

そうすると、メッセージのクセ、というのは、本当に人によってぜんぜん違うのだということがわかったのです。

わたしはこうして本を書いておりますが、編集者さんとは基本的にメールでやり取りをしています。これまで、この本を含めて３冊の本を出版し、３人の編集者さんとお仕事をさせていただきましたが、そのメールも三人三様です。

何がいいたいかというと、**人によって本当にそれぞれなので、相手のメールのスタンスというのをいち早くつかむことで、いらぬ不安を生まずに済みます。**メッセージが**長かろうが短かろうが、それがあなたへの好意、とかそういうものとは全く関係ない**、ということなのです。

事前に、「自分はメールが苦手だ」と、率直に教えてくださった方もいました。すると、メールが淡々としていても、「もしかしてわたしは嫌われてるのかな？」などといらぬ心配を感じる必要もありません。これはわたしも見習いたいな、と思いました。

これは逆にいうと、前もって自分にはこんなところがある、と相手に伝えてしまうのもありかもしれません。

わたしの場合は、**親しい友人には、「自分は、ついメッセージを送りすぎることがある**

かもしれないけど、どうか気にしないでほしい」と伝えています。

ただ「文字の量」を相手に合わせるだけで

ちなみに、この「相手のスタンスに合わせる」という姿勢は、実はメッセージのやり取りをする上で起こるトラブルを防ぐだけではなく、思わぬ〝良い効果〟もあります。

「自分のペースと合う」＝「この人とは気が合う！」と相手に思ってもらえるのです。

距離が縮まり、実際に親しい友人になれば、そこまで相手に合わせまくる必要もありませんが、誰かと仲良くなりたいな、と思ったときは、まず、相手のメッセージ量に合わせてみてください。

人は、自分の呼吸と合う人には、安心感を抱きます。

たががメッセージ、されどメッセージ。人間関係が少しスムーズになることを実感いただけると思います。

「ペースを合わせる」のは、相手への思いやり

38

「知らない」は素敵です

わたしたちぐちゃぐちゃ人間は、頭の中がぐちゃぐちゃとこんがらがりがちなので、情報の整理がうまくいっていないことが多いのではないかと思います。

わたしはまさにそのタイプで、普段から興味のあることはどんどん情報を集めまくるのですが、いわゆる普通の人が普通に知っているであろうことを知らない、という場面がよくあります。例えば、誰もが知っている超有名芸能人のことを、わたしだけ知らない、というような、**謎すぎる現象**が起こるのです。

これは興味のあることにしか意識がいかないという、発達障害ゆえの特性であると思うのですが、ここまで極端ではなくとも、誰かと会話をする中で、相手の話していることを「知らない」ということは、誰でも絶対に出てきますよね。

雑学王やクイズ王でもない限り、知らないことは出てきます。

そんなとき、あなたはどうしますか？

「知らない」と正直に伝えますか？
それとも知っているふりをしますか？
何となく、頷きながらその場をやり過ごしますか？

「知らない」というと、なぜか相手がうれしくなる不思議

わたしは、知らないことは「知らない」と正直に伝える、と決めています。

「えー？　そんなことも知らないのー？」とあきれられることもありますが、大抵の場合、「知らない」と言えば、相手はそのことを快く教えてくれます。

「そんなことも知らんなんて、あかんでー！」と言いながら、何だかうれしそうに、どんどんさらなる知識を披露《ひろう》してくださる方もおられます。「今度、もっとくわしく教えてあげるよ！」と言ってくださる方も。

「知らない」と正直に言える人を前にした皆さんは、何だか少しいい気持ちになって、こちらに好感を抱いてくださるようなのです。

この現象のことを不思議に思っていたのですが、最近、謎が解けました。

「知らない」と口にするのは恥ずかしいことだ、と感じている人が多いかもしれません

が、実はこの言葉、コミュニケーションに思わぬ作用をもたらしてくれるのです——。

「知らない」と正直に伝えることは〝いいことずくめ〟なのです

わたしの恩師であり、ビジネス書のベストセラー作家である石川和男さんも、**「知らなかぶりをすることが大切だ」**と常日頃からお話しされています。

知らなかぶり……。

すごい造語です（笑）。

これはどういうことか、ご説明します。

想像してみましょう。あなたが何かについて熱心に話しているとき、「ああ、知ってる知ってる」と言われると、何だか白けて、話したい気持ちや熱量が薄れてくるような気がしませんか？

それよりも、相手が「えー？　そうなんですね！　知らなかったです！」と言ってくれたら、どうでしょうか。そのほうが、むしろどんどん話をしたくなってくるのではないでしょうか。

このように、実は「知らない」ということは、素直に伝えることが大切であることはもちろんのこと、「知っていることも敢えて知らない」ということで、**会話を弾《はず》ませたり、相手の心を気持ちよく開かせたりすることができるという、すごい言葉でもある、**ということなのです。

知らないことは、恥ずかしいことではありません。

誰にでも、知らないことはあります。全く気にする必要はありません。

むしろ知らないことを隠す行為のほうが、よほど恥ずかしいことです。

知らなくてもいいのです。

知らなければ、その瞬間から、興味を持って知ろうとする姿勢を相手に示しましょう。

相手は喜んで、いろいろなことを教えてくれるでしょう。

「知らない」は、「知ってる」の何倍も素敵な言葉です。

「知らなかぶり」で、上手に相手の心を開かせる

column

03

笑顔は、「敬意と感謝」を表す最強アイテム

雑談をしているとき、誰かが冗談を言ったとします。

そんなときは、とにかく笑うことが重要です。「面白い！」と感じたときはもちろん、たとえそうでなかったときも。

人が冗談を口にするというのは、もちろん周りの人を笑顔にしたくてするのです。相手のそのサービス精神に感謝の気持ちと敬意を表すためにも、大きく笑いましょう。

ちなみに、このときの笑い声は、大きいほうがいいです。誰かが笑うと、幸せな気持ちになりますよね。つられてみんな笑ってしまうこともあります。

わたしは、もともとゲラ（笑いの沸点が低い人のこと）で、テレビ局の番組観覧に来てほしい、とスタッフさんから頼まれたこともあります。「どうしてわたし？」と問うと、わたしが笑うと、その笑い声で演者さんが楽しい気分になり、ノリノリでいいトークをしてくれそうだから、というのがその理由でした。

それくらい、誰かの笑顔や笑い声は、人を楽しい気持ちにさせます。

しかし、頭では理解できても、大きな声で笑う、というのは、普段あまり感情を表に出さない人間にとっては、なかなか難しかったりもしますよね。

まさにわたしの夫が、そうなのです……。

夫も、誰かが冗談を言ったときに、そのサービス精神に感謝と敬意を表明したい、と思うそうなのですが、頭で思っても、どうしても大きな笑い声が出ないのだそうです。

そこで夫は、ユニークな技を見つけ出しました。

マスク着用のまま目を細め、お腹を両手で抱える仕草をし、上半身を前後に大きく揺らしたり、肩を上下に動かしたりして、「大爆笑して声が出ない」という様子を演じるのだそうです。いや……必死の演出です……。

しかし、そうまでして夫が頑張るのは、やはり相手へのリスペクト、感謝の気持ちを表したいがゆえの苦肉の策なのです。

この人はふざけているのではないか、と思われてしまう不安を今、抱えながら書き進めておりますが、決してふざけているわけではありません。

わたしがお伝えしたいことはたったひとつ。**笑顔は、相手への「敬意と感謝」を表す最強のアイテム**なのだということです。まずは笑顔の練習、してみてください。

4
章

感情に振り回されそうになったときの処方箋

「自分と相手」を大切にする
7つのヒント

39

「相手の感情」に巻き込まれない方法

目の前にいる人が、感情的に怒ったり泣いたりしているとき。それが自分に対して向けられている感情でなくても、何だか、自分もネガティブな気持ちになったり、悲しい気持ちになったりしてしまいますよね。

わたしたちぐちゃぐちゃ人間は、他人と自分を切り分けて考えることが苦手な人も多いため、相手の感情に共感したり、揺さぶられたりしてしまうことが多くなりがちです。

怒っている人を見ると「怖い」と感じるのは当然のことですし、泣いている人を見ると悲しく感じるのは人としては当然なのですが、わたしたちはこの感情に揺さぶられないように意識的に心がけていくことで、自分の感情まで振り回されずにすみます。

本章では、そのための考え方のヒントをご紹介していきます。

先日、家族4人で車に乗っていたときのことです。

駐車場から車を出そうとしたのですが、どうやら精算機が壊れている模様。カードも現金も使えません。駐車場から出られないでいると、後ろにも車がどんどん詰まってきました。

運転手である夫は、精算機の呼び出しボタンを押し、スタッフさんが来るのを待っているのですが、なかなかスタッフさんは現れません。

この状況に、夫が明らかにイライラしている様子が、助手席のわたしにまで伝わってきました。後ろの車にも迷惑をかけている、という申し訳なさが、さらに夫の焦りとイライラを加速させていました。

やっとスタッフさんがやってきて、夫が状況を説明するのですが、こんなときに限ってなかなか話がうまく通じず、後続はさらに長蛇《ちょうだ》の列に。

夫は普段、とても丁寧で穏やかな話し方をするタイプなのですが、明らかにイライラがピークに達したその瞬間、

「カードも札《さつ》も、全く入らんのですわ!!!!」

と、コテコテの関西弁のおっちゃんみたいなセリフを口にしました。

イライラするのは仕方ないけど、なんでそんなしゃべり方やねん、とわたしがイラッと

しそうになった瞬間、後部座席に座っていた7歳の娘が、突然吹き出しました。

「パパ！　なんでそんな変なしゃべり方してんの！　入らんのですわ、って‼（笑）」

あまりに娘が笑うので、つられてわたしも面白くなってきて、車内は爆笑の渦《うず》に。

夫だけが、スタッフさんとのやり取りでまだイライラしていて、

「後ろの人たちも困ってると思いますわ！！！！！」

と、また変な関西弁を口にしました。

これを聞いた娘はさらに大爆笑。

「『ますわ！』って！　パパやめてー（大爆笑）！　お姫様みたいなしゃべり方じゃん！」

とお腹を抱えて笑っています。

そうか。娘は、コテコテの関西弁の「ですわ、ますわ」を、お姫様言葉の「ですわ、ますわ」と勘違いしてるのか。

そう思ったら余計におかしくなってきて、さらなる爆笑の渦。

スタッフさんとのやり取りが終わり、無事、車を駐車場から出し終えた夫は、「何をさっきから笑ってるの？」と不思議顔。そこで事情を説明すると、夫は自分がとても感情的になっていたこと、そして、そんな姿を娘たちに笑われていたことをようやく自覚したよう

です。

「感情的になっていた自分が恥ずかしい」と、そんな自分をめちゃくちゃ恥じていました。

「共感能力」の高いわたしたちだからこそ、気をつけたいこと

実はこのとき、わたしは、娘の感性に助けられていたのでした。

助手席に乗っていたわたしも、隣にいる夫のイライラした感情に呑み込まれそうになっていて、「～ですわ！」という言い方にすら本気で腹が立ちそうになっていました。

このとき、もし車に乗っているのが二人きりだったら、「なんでそんな言い方するの!?」とわたしも感情的になり、わたしたち夫婦はひどいケンカをしていたかもしれません。

しかし、**それを娘が「面白い言い方」と捉えてくれたことで、とたんにその状況がめちゃくちゃ面白くなった**のです。

イライラは、本人だけでなく、周囲にいる人に移ります。自分自身がイライラした姿を人前で見せないように心がけることはもちろんですが、目の前の人がイライラしているときも、その人の感情を、自分の中に入れないようにしましょう。

客観的事実として、起きたことを別の視点で捉えれば、目の前のイライラしてしまう出来事は、実はちょっと面白い出来事だったりもする、ということを、わたしはこのとき、娘から学びました。

「共感しすぎない」ということも、共感能力が高すぎるわたしたちには、とても大切なことなのです。

捉え方を変えるだけで、不快な出来事さえ「面白い経験」になる

40 人の気持ちに寄り添いすぎない――自分と他者を上手に切り分ける

わたしたち人間の悩みの8割は、人間関係である、と言われています。

特に、わたしのように発達障害の傾向があったり、HSP（繊細さん）の傾向がある人ほど、人の些細な言葉や行動が気になってしまい、悩みやすい傾向にあります。

何があってもおおらかに笑い飛ばせることができれば、ほとんどのことは取るに足らないことであることに気づくことができますが、なかなかそう割り切ることができないのが、わたしたちぐちゃぐちゃ人間です。こうして本書を手に取ってくださっているあなたも、今現在、悩みを抱えておられるかもしれませんね。

豪快に笑い飛ばしてしまうのが何よりの得策なのですが、それが難しい場合には、**「自分と他者を切り分けて考えること」**を心がけてください。

これはアドラー心理学の「課題の分離」という思考法からヒントを得て、わたしが実践している方法です。

「課題の分離」とは、「自分がコントロールできる課題」と、「他人がコントロールする課題」を明確に区別することです。課題には、自分がコントロールできるものと、自分ではコントロールできないものがありますよね。他人の課題は、コントロールすることはできません。ですから、**他人の課題に踏み込むべきではない**のです。

「あのとき、対応を一歩間違えば……」の修羅場エピソード

かつて、このようなことがありました。わたしは学生時代、音楽活動をしており、バンドを組んで定期的にライブハウスで歌を歌っておりました。少しずつですが応援してくれるファンの方もついてきました。

あるとき、ライブのイベントの抽選で、一人のファンの男性にプレゼントが当たりました。わたしが着用しているバンドTシャツをプレゼントする、という企画でした。いつも優しい笑顔で応援してくれる彼に、わたしはTシャツをプレゼントしました。

これが事件の発端《ほったん》でした。そこから、彼は毎日、わたしのSNSにメッセージを送ってくるようになりました。基本的に、いただいたメッセージには全てお返しするのがわたしのモットーなので、返信していたところ、どんどんメッセージの内容が変化してきました。

「郁ちゃんのことを天使のように思う日と、悪魔のように思う日がある。つらい」

始まりはそんな感じでしたが、どんどんエスカレートしていき、ついにある日のこと。

「郁ちゃんを殺して自分も死にたい」と送られてきました。

え、えーーーーー！　怖いって!!　めちゃくちゃ怖いって！！！　なんでそうなったんだーーーー!!

それでもその都度、何とか元気をだしてもらいたくてお返事をしておりましたが、気がつけばわたしは、夜眠れなくなり、体調がとても悪くなっていました。

あるとき「今から電車に飛び込む」というメッセージが。

うそやん！　そんなん、ほんまにやめてほしい!!　何がなんでも止めなければ！！！

「やめてください、お願いだからそんなことしないで」と返しましたが、「やめない、今から死ぬ」とメッセージ……。わたしは吐き気が止まらなくなりました。

自分のせいで誰かが死んでしまう……？　そんな悲しいことだけは避けたい。

わたしは彼にメッセージを送りました。

「どうか死なないでください」

何とかその日は思いとどまってくれたようで安心しましたが、気づけばわたしは心も体も疲弊していました。そして、疲弊しているのに全く眠れない状態になっていました。

心療内科に行きました。診断は不眠症。そこで、お医者さんからこう言われました。

「もう、その人にメールを返さないでください。あなたにはどうすることもできませんよ。**彼がどんな行動を起こそうと、それは彼の問題です。あなたのせいではありません。**このままやりとりを続けていたら、どんどんあなたのメンタルのダメージが大きくなってしまいます。どうか自分を守ってください」

そんな非情なことはできない……。そう思いましたがお医者さんが言うことですので、従うことにしました。**わたしは彼に返事をすることをやめました。**相変わらず何度もメッセージは届いていましたが、一度も返しませんでした。

その後、彼はライブ会場に突如《とつじょ》現れ、わたしに向かって大声で何かを叫び、スタッフさんに連れ出されていきました。それが彼を見た最後です。

その後、彼はわたしの前に二度と現れませんでした。

今、その人がどうしているのかわかりません。どうか元気に過ごしていることを願うばかりですが、あのままメッセージのやり取りを続けていたら、わたしは深刻な鬱になっていたでしょう。彼もますますエスカレートして、結局、何も解決しなかったと思います。

これは完全に、わたしが彼の課題に踏み込みすぎた結果です。心配するあまり、必要以上に入り込んでしまった。結果、状況は悪化し、双方ともにボロボロになってしまったのです。ここまでのことでなくても、恋愛のもつれや、友情のもつれなど、あらゆる場面にこうした泥沼《どろぬま》化現象が起きる危険は潜んでいます。

自分がどうにもできないことには、踏み込んではいけません。

さっと、引きましょう。

「必要以上に入り込むこと」は、相手も自分も苦しめる

41

「されてイヤなこと」は、なるべく早く伝える

わたしたちぐちゃぐちゃ人間は、なめられやすい、と同時に、イジられやすい傾向にあります。

わたしも例に漏《も》れず、昔から天然ボケ、と言われてきました。会話をしていても、ワンテンポずれていたり、突拍子《とっぴょうし》もない発言をしたりして笑われることがよくあります。

「笑わせる」のではなく「笑われる」ですので、自分としては予期せぬ事態であり、笑われるたびに驚きの連続です。

「この子、面白いねん!」などと紹介されることが稀《まれ》にありますが、いったい自分のどこを人が面白いと感じるのかを自分で把握できていないので、何か面白いことを言わなければならないという強迫観念にかられ、自然体でいられなくなってしまいます。そして、またその不自然な姿を笑われる……というループです。

そんなわたしなので、昔からイジられることが多く慣れっこではあるのですが、中学生

のとき、こんなことがありました。

最初は軽い冗談だったはずが……

「郁ちゃんってたぬきに似てるよね」と、ある日、仲良しの友人が言い出しました。

たぬき。

なんだかあまり嬉しくはないけど、まあいいか、と思ってヘラヘラ笑っていると、その日から、わたしのあだ名は「たぬ」になりました。クラスの全員から「たぬ」と呼ばれ、わたしの横を通り過ぎるときには、「ぽんぽこぽん」と掛け声をかけられる。みんなが悪気なく、面白がってわたしをイジっていることは分かっていましたが、だんだんわたしは憂うつになってきました。一ヶ月経っても、たぬきブームは去りません。

あるときです。「おーい、たぬー！　ぽんぽこー！」と呼ばれた瞬間、突然、わたしの目から涙が流れ始め、自分でも止めることができなくなりました。

「たぬって呼ばないで……！！！」

大泣きしながら訴えるわたしに、クラスの皆は唖然《あぜん》。何が起きたのかわからない様子でした。わたし自身も何が起きたかわからなかったので、周りが戸惑ったのは当然のことです。そこからしばらく、わたしはクラスの皆から、腫れ物に触るような扱いを受けることになりました。

これは**「たぬき号泣事件」**として、わたしの人生に深く影を落としている出来事です。

自分の心は自分で守ろう

このように、わたしたちぐちゃぐちゃ人間は、我慢を続けていると、ある日突然、爆発してしまうことがあります。**そのタイミングは突如訪れます。一度、爆発した感情をコントロールすることは、非常に難しい**です。

そうならないために、わたしたちは「されてイヤだな」と思うことは、なるべく早く相手に伝えることが大切です。一度爆発してしまうと、相手との間にとても気まずい空気が流れます。相手も自分も、傷つきます。

早めに伝えることは、自分のためでもあり、また相手のためでもあるのです。

イジられたときにまわりに合わせて笑っていると、まわりはあなたの心の痛みに気づいてくれません。イジられていることを楽しんでいる、と勘違いされてしまうことさえあります。

あなたの心が悲しくなるようなイジりは、無理に受け止めなくてかまいません。自分の心の痛みに敏感でいましょう。

あなたの大切な心を守ってくださいね。

「我慢」は絶対に、限界がやってくるもの

42

心の中の「傷ついた子供の部分」とどう付き合うか

「どんなに心を許している相手でも、一線を引く」。

これは、常日頃から、わたしが自分自身にこんこんと言い聞かせている言葉です。

「この人！」と信頼すると、パンツまですぐに脱ぎ捨てがちなわたしなので、どれだけ言い聞かせてもこれで十分、となることはありません。

わたしたちぐちゃぐちゃ人間は、コミュニケーションに困難を抱えています。

そんな中で、**「この人とは仲良くなれる！　大好きだ！　信頼できる！」と思える人に出会うと、イノシシのように突進しがちなところはありませんか？**

イノシシとまではいかなくとも、好きになるとどんどん心をオープンにしていく。これは、人として当然のことです。

しかし、コミュニケーションで失敗しがちなわたしは、この「相手を好きになってからの自分の行動」に、かなり気をつけなければならないのです。

わたしは普段、ほとんど人に対して怒ることがありません。何か人からイヤなことをされると、悲しくはなりますが、そこでそっと心のドアを閉め、二度と心を開かなくなるだけで、相手に対して怒る、ということはありません。

もちろん、大切な友人や家族が傷つけられたり、イヤなことをされたりしたときは全力でぶつかっていきますが、自分がされたことに関しては……。

「ふぅ」とため息をつき、閉店ガラガラ、シャッターを閉めて終了です。

恋人に浮気をされても、嘘をつかれても、そんな感じで、ただ静かに心のドアを閉めて離れるだけですので、あまりトラブルになることもありません。

人の心は変わるものだ、と常々思っていると、相手に対して大きな期待もしないので、「怒り」という感情につながらないのです。

幼少期のトラウマ、コンプレックス……誰しも〝弱点〟は必ずある

そんなわたしなのですが、実は最大のウィークポイントがあります。

子供の頃の家庭環境もあり、わたしは発達障害だけでなく、愛着障害も抱えています。

愛着障害とは、乳幼児期の虐待やネグレクトにより、養育者との安定した愛着が絶たれた

ことで引き起こされる障害のことです。対人関係において、甘えるのが下手くそだったり、人を信じることができなかったり、拒絶されることに恐怖を覚えたり、自分には価値がない、と思ってしまったり、人との適切な距離の取り方がわからなかったりすることなどが、愛着障害を抱えている人の特徴としてあげられます。

わたしの場合は、両親に育児放棄された後は祖父母が育ててくれたので、普段は愛着障害は影を潜めているのですが、ふとした瞬間に呼び起こされることがあります。

それは、「家族」という言葉が絡んできたときです。

「娘のような存在だ」と言ってくれる人や、「本当の妹みたいに大切だ」と言ってくれる人に対しては、とたんに心のガードが外れてしまいそうになるのです。相手を失いたくない、嫌われたくない、という思いが突然強くなり、自分の心も体も全て相手に差し出さないといつか捨てられてしまうのではないか、という恐怖にさいなまれます。

相手が自分を好きじゃなくなる日を考えると、怖くてたまらなくなる……。

普段、「来るもの拒まず去るもの追わず」のスタンスで人と付き合っているのに、「家族」という言葉が絡んでくるだけで、突如ものすごい執着が生まれ、時には相手に対して怒りの感情さえも湧いてくるのです。

わたしが大切な人ほど、感情を〝むき出し〟にしてしまった理由とは？

実は、わたしはそれが原因で、これまでに何度も、所属事務所の会長とケンカをしています。ケンカ、というより、自分の気持ちや自分の思っていることの真意が伝わらない、と感じると、駄々《だだ》をこねる子どものように、大声で泣きわめいてしまうのです。

会長が「娘のような存在だ」と言って可愛がってくださることに対して、幼い頃、両親からの愛を受けられなかったわたしのインナーチャイルド（内なる子供）がひょっこり顔を出し、会長のことを「父親」のように信頼しすぎて、大切に思いすぎて、感情のコントロールが利かなくなるのです。

会長はとても大きな心で接してくださるので、どれだけ泣きわめいても受け止めてくださいますが……。

ある日、事務所の会長に対して、わたしが髪を振り乱しながら泣き叫んだのを見た夫は、ドン引き。真剣に夫に叱られました。

「あれは、やばすぎる。郁ちゃん、駄々をこねる子どもというより、あれは、髪を振り乱して叫んでる山姥《やまんば》みたいや。あれは、絶対にやったらあかん」

山姥……。　自分の想像のはるか上をいっていた……。

普段、とても寛容で穏やかな夫がそこまで強いことを言うのは、よほどのことです。もう二度と山姥になってはいけない……と思い、その日以来、わたしは「会長は、わたしのお父さんではない」と、自分にこんこんと言い聞かせるようにしました。

すると、自分の中で、きちんと線を引いて割り切ることができるようになって、それ以来、泣きわめくこともなくなり、歪んだ執着もなくなりました。

自分の〝弱点〟を再点検してみる——だから「知ること」が大事なのです

普段、誰に何をされたとしても怒ることがないわたしですが、「家族」の絆のようなものを感じてしまうと、コントロール不能になってしまう。このウィークポイントを自分でしっかり理解してからは、人間関係のトラブルは格段に減りました。

自分自身を正しく知ること。

それが、円滑な人間関係を築く第一歩です。

どんなに信頼できる相手でも、また相手がどんなに「あなたが大切」と言ってくれても、最後の一線だけは引いておかなければいけません。これは、配偶者や、子どもに対しても同じです。自分の感情を押し付けてはいけません。親しき仲にも礼儀あり、とは本当によく言ったものだな、と思います。

自分は、どんな瞬間に、一線を越えてしまうのか。どういう言葉に弱いのか。どういう状況に陥ると、感情のコントロールが利かなくなってしまうのか。

自己分析することはとても大切です。

ぐちゃぐちゃ人間が、人前でぐちゃぐちゃな自分をさらすことにならないために、日頃から自分の弱点を洗い出しておきましょう。

「これ言われたら自分、あかんねん」という言葉や、自分のよくない導火線に火がつく状況を、書き出しておくのもいいですね。

髪を振り乱した山姥になどなることなく、常に、シュッとした（いわゆるスマートな）自分でいたいものです。

自分の「ウィークポイント」を知ろう

43

感情的になりやすい人へ
——「言いたいことは明日言え」の教え

わたしは家庭の事情で、生まれてすぐ祖父母に預けられました。祖父はわたしが10歳のときに他界しましたが、わたしは祖父がこの世を去るその日まで、祖父と祖母がケンカしているところを一度も見たことがありません。とても仲良しな二人でした。

おじいちゃんは亭主関白で、カミナリ親父的なところがあったのですが、それでも、おじいちゃんとおばあちゃんがケンカしたところを見たことが一度もないのです。

おばあちゃんとわたしは、よく二人でオセロゲームなどのボードゲームをして遊んでいたのですが、ゲームで盛り上がるとつい、大声で笑ったりしてしまうことがありますよね。そんなとき、一人でテレビを見ているおじいちゃんは、

「少し静かにしなさい」

と、言い出します。それでも、またわたしとおばあちゃんは盛り上がり、大笑い。するとさっきより少しきつめに、

と言ってきます。またおばあちゃんと盛り上がって大笑いした3回目。ついに、

「少し静かにしなさい！」

「少し静かにせんかーーーーーー!!」

おじいちゃんは目を三角にして、大声で怒るのです。

わたしはビクッとするのですが、おばあちゃんは全く動じません。動じないどころか、おじいちゃんに見えないようにわたしの方を見て、にかーっと声を出さずに笑うのです(笑)。「またおじいちゃんの悪いクセ出てるわあ」とでも言わんばかりに、シシシと笑うおばあちゃん。もう、慣れているのでしょう。

そして、おじいちゃんも、勢いで怒っているだけなので、怒りが鎮《しず》まると、「さっきは怒《ど》鳴《な》ってごめんね」と、わたしにもおばあちゃんにも謝ってくれるのです。

このようにおじいちゃんは、亭主関白ではありながら、実のところ、完全におばあちゃんに転がされていました。

おばあちゃんのつくり上げたおじいちゃんの取り扱い説明書は、完璧なものでした。あるとき、おばあちゃんに尋ねたことがあります。

「おじいちゃんとケンカしたことある？」

おばあちゃんは、わたしにこう答えてくれました。

「ケンカをしたことは一度もないよ。おじいちゃんに腹が立ったことはあるよ。でも、おばあちゃんはね、言いたいことは明日言うって決めてるんだよ」

明日言う？　よくわからない、というような顔をしているわたしに、続けておばあちゃんはこう言いました。

「おじいちゃんの言ったことに対して腹が立っても、次の日まで自分の中に収めるの。次の日になったら、たいてい、別にどうでもよくなっている。

次の日になっても『これはどうしても言わないと気がすまない』と思ったら、その時初めておじいちゃんに、静かに落ち着いて伝えるの。あのとき、こう言われてイヤだったよ、ってね。そしたらおじいちゃんは、ごめんねって謝ってくれるから」

そう。おばあちゃんは、感情に感情をぶつけることを絶対にしない人でした。

あえて「戦わない」のが勝ち

感情的な人に感情的に言葉を返しても、そこから何もいいものは生まれません。その場はグッと呑み込むことを選び、無駄なケンカをしない。おじいちゃんが怒鳴っても、シシシ、と笑うことができるおばあちゃんだからこそできた技なのかもしれませんが、わたしも「言いたいことは明日言え」という言葉を、子供の頃から深く心に刻んでいます。

そんな亭主関白なおじいちゃんが亡くなったとき、お葬式に来てくれたおじいちゃんの友人から、おばあちゃんはこんな話を聞いたそうです。

「『妻がいてくれたからこそ、自分はここまでやってこれた。妻がいないと自分はだめだった』。そう、いつも僕に話していました」と。

おばあちゃんは、よほどうれしかったのでしょう。その話を、泣き笑いしながら、お葬式が終わった後、わたしに聞かせてくれました。

ぐっと我慢するのも愛。二人はお互いを信じ、お互いを理解し、短所を補い合いながら、離れ離れになるその日まで、深く愛し合っていました。言いたいことは、明日言いましょう。明日になれば大抵のことは、どうでもよくなっています。

「感情に感情をぶつけない」――すると、相手の心もやわらかくなる

44

お酒を飲んでいるときのSNSは「奈落の底へのエレベーター」と心得よ

わたしはお酒を飲みます。飲む、だけならまだしも、浴びるように飲むこともあります。酒豪といっても過言ではありません。

そんなわたしが何度かやらかしているのが、お酒を飲んだときのSNS投稿です。**普段ならそっと胸のうちに秘めているようなことを、お酒が入るとつい、SNSに無防備に投稿してしまいたくなる**のです。いいことも悪いことも含めて。

誰かを傷つけるようなことを発言することはほぼないのですが、誰かを好きな気持ちなどを知らないうちに吐露《とろ》していたり、自分のトラウマになっている事件のことを赤裸々《せきらら》に書き綴《つづ》っていたり、世の中の事件に対して憤りを露《あら》わにしていたり……。

朝起きて、自分の感情がむき出しになっている投稿を見て、**ギャーーー！**となることがあります。

あわてて投稿を削除しても後の祭り。一度載せた投稿は完全に消えることはありません。酔っ払って同じ写真を何度も投稿していたり。明らかに様子がおかしいことが、みなさんに伝わってしまうので、本当に気をつけなければなりません。

SNSを「心の逃げ場」にしてはいけない、これだけの理由

あるとき、「もう、わたしは頑張れないかもしれない」というようなことをSNSに書いてしまったことがあります。そのとき、たくさんの人から心配のメールをいただきました。この意味深な書き込みは、ついつい、そのときの自分の弱音を吐いてしまっただけなのですが、結果として多くの人に多大なるご心配をおかけしてしまいました。本当に申し訳ない気持ちになり、大反省しました。

それ以来、**わたしは酔っ払っている時は、絶対にスマホを触らないようにしています。**

SNSの投稿が原因で、芸能界から姿を消したタレントさんもたくさんいらっしゃいますよね。何の気なしに投稿したことが大炎上。これまで積み上げてきたものが一気に崩れ落ちてしまう。

お酒の失敗、というのは、多くの人が経験したことがあると思いますし、昔からよく聞く話です。やらかしはわたしも何度もやっておりますので、あの「穴があったら入りたく

なるような気持ち」はよくわかります。

お酒を飲んで失敗したとしても、リアル世界での失敗なら、その場限りのこと。取り返しがつくことがほとんどです。

しかし、この大SNS時代。酔っ払って変なことを投稿したりしたら、世界中に拡散されてしまいます。

そうなったら、もう取り返しがつきません。恐ろしすぎる時代です。

また、**「アホなことをするのが面白い！」と許された時代は、終わりました。**少しでも道から外れたことをすると、「正義」という名の鉄拳《てっけん》が飛んできます。芸能人でなくとも、良くない発言ほどどんどん拡散され、世界中からバッシングされたりすることがあります。その結果、職を失ってしまうことも……。

ただSNSは、たとえ酔っていなくても、炎上する恐れはあります。わたしはシラフのときに何気なく書いた**「う○こがもれそう」**という一言を、その後何年たっても、人からイジられたことがあります……。

アホとしか言いようがありません。最大限の注意を払いましょう。

大切なことなので2回言いますが、笑って許される時代は、もう終わっています。指先から開かれる奈落の底へのエレベーターの扉には、くれぐれも気をつけましょうね。

SNS投稿には細心の注意を払う

45

「自分の気持ち」をノートに書き出す

生きていたら、イヤなことやつらいこと、心がぐちゃっとすることは起こります。

心がぐちゃっとしたとき、それを心の中に持ち続けていると、ぐちゃぐちゃ思考に支配され、その場から前に進むことはできません。

この後、7章で、心がぐちゃっとしてしまったときの対処法をお伝えしていきますが(後ほどくわしくお伝えしますが、わたしは、アロマ、運動などの力を借りることが多いです)、ここでご紹介するのは、それらよりさらに、日常に取り入れていただきやすい方法です。

一通り思いつくことを試して、それでもまだ心にぐちゃぐちゃが残る場合、そのぐちゃぐちゃを何処かに預けてしまう必要があります。

わたしは、その方法として、「ノートに自分の気持ちを書き綴る」ということを学生時代からやっています。

以前、わたしが大人になるまで過ごした家の整理をしていたとき、一冊のノートが出てきました。何気なく開くと、それは中学生の頃の自分が書いたものでした。内容は、日常の中で感じたことを書き殴《なぐ》ったものでした。めちゃくちゃ苦しそうでした（笑）。太宰治か、中村郁か、くらいの、生きることの苦しさを綴った内容に驚きましたが、当時のわたしは、学校では、「たぬ」と呼ばれ、道化を演じ、みんなにからかわれていたはず。誰も、わたしがあんな苦しい文章を書いていたとは思わなかったでしょう。

ノートに思いを書き綴ることで、わたしは自分自身を保っていたのです。苦しい気持ちはノートの中に閉じ込めて。

心と対話しながら、感情を開放していく方法

2年前、わたしは大切な友達を亡くしました。やり場のない悲しさに押しつぶされそうになったわたしは、ノートに、天国の彼女に向けたお手紙を書きました。本当は生きているうちに伝えたかった、たくさんの思いを書き綴りました。

彼女がわたしにもたらしてくれた、たくさんの喜び、彼女からもらった優しさ。この世で、たった一度しかない人生において、彼女と出会えたこと、共に生きることができただ

けで幸せだったこと。書きながら涙は止まりませんでした。たくさんたくさん流れる涙と共に、わたしの心は落ち着いていきました。彼女への想いをすべて書き出すことで、わたしは彼女の分まで、しっかり前を向いて歩いて生きていこう、と思えたのでした。

"本気のお手紙"を書いてみる

つらい気持ちや悲しい気持ち、怒りの気持ちは、素直に書き出す。誰に見られるものでもありませんから、内容は自由です。

自分の心の中にあるぐちゃぐちゃな感情は、全てノートに預けてしまいましょう。

後になって見返してみると、そのとき苦しんでいた悩みは、過去のものになっていることに気づきます。

ほとんどの悩みや苦しみ、悲しみは、時の流れが解決してくれます。

ノートに書き出す作戦で、「今」を乗り切っていきましょう。

column

04

「人の課題」に介入しすぎないことも、愛情表現の一つ

本章の179ページで、「課題の分離」について触れましたが、次のようなことも挙げられます。

例えば、あなたが大切な友人から悩み相談を受けたとしましょう。そんなとき、何とかしてあげたい、と思いますよね。

話を聞いていると、だんだん自分のことのように悲しくなってくる。

わたしは友達や知人から悩み相談を受けることが多く、相談を受けると自分のことのように胸が苦しく悲しくつらくなり、その日一日、その相手の問題について何とかできないか考え、気がつけばぐったりしている……。

そんなことが多くありました。

もっというと、遠く離れた場所で起きた地震のニュースを見たり、残忍《ざんにん》な殺人事件のニュースを見たり、大好きな芸能人が誹謗中傷《ひぼうちゅうしょう》されているのをネットで見たりするだけで、体がぐったり動かなくなる。ずっと胸が苦しくなる。そんなことがあるのです。

ぐちゃぐちゃ人間のわたしは、「人の痛み」を自分と切り分けて考えることができません。相手の立場に立って考えすぎてしまうのです。

わたしには娘が二人おります。親ですからもちろん、子どもたちのことはいつも心配です。毎日幸せに楽しく暮らしてほしい。そう願ってやみません。

勉強をしっかり見てあげよう。困らないようにいろんなことを教えてあげよう。先回りして、道につまずかないようにしてあげなければ。

ついそう思ってしまいます。

しかし、彼女たちには彼女たちの人生があるのです。親であっても、他者であるわたしが過度に踏み込むことは、避けるべきです。

そっと、見守る。困ったときには手を差し伸べ手が届く範囲で、静かに見守る。**相手の課題に踏み込まない。**

たとえ親子であっても、この感覚を忘れないことが大切です。

人の気持ちに寄り添いすぎるわたしたちぐちゃぐちゃ人間にはかなり難しいことではありますが、常に自分と他者を切り分けることを意識していきましょう。

直接手助けすることも愛ですが、静かにただ見守ることも、また、愛なのです。

5 章

「クセ強め」の相手に支配されないために

「失礼なやつら」を
人生から叩き出そう

46

クセ強キャラは「連続ドラマの盛り上げ役」に脳内変換

この章では、クセの強い相手に支配されないための方法をお伝えしていきます。

あなたの周りにはクセの強い人はいますか？　わたしの周りには、います（笑）。結構クセの強い人がたくさんいます。ナレーターという競争社会の中で20年以上やってきているので、わたし自身もまあまあクセが強いとは思います。

「袖振り合うも多生の縁」といいますように、これだけたくさんの人間がいる中で、同じ時代に生きて、同じ時間を過ごすことになる人というのは、何かしらのご縁のある人です。気の合う人も気の合わない人もいますが、せっかく出逢うことができたのですから、いがみ合うことなく、良好な関係を築きたいですよね。

クセ強キャラの中には、相手を支配しようとするタイプが存在します。

かつて、わたしも、あるクセ強ディレクターに悩まされたことがありました。

そのディレクターは、いつも不機嫌を周囲に撒《ま》き散らし、自分勝手なスケジューリングをし、人の弱みを見つけては突くという、絵に描いたような嫌な奴でした。ナレーターであるわたしに対しては、直接何か嫌なことを言うことはありませんでしたが、わたしは人が怒鳴られたり叱られたりしているところを見ると苦しくなってしまうので、とにかく彼が苦手でした。

「こんな人、現実に存在するんや!?」

そう思いながら、わたしはなるべく近づかないようにしていましたが、あるとき彼から食事に誘われ、断る理由も見つからず、一緒に食事に行くことになりました。

さて、どんな嫌なことを言われるだろう。

そう思いながら、彼の口から何が飛び出してくるかな？　と待っていると、早速出てきました。

「結婚せなあかんでー。結婚せな、いいナレーションなんか読まれへんで」

まだ独身だったわたしに投げかけられた一言。令和の現在なら、大問題となる発言です。わたしは当時、結婚願望はなかったので、その旨をお伝えしましたが、彼は聞き入れず、延々と結婚の大切さを語り続けました。

でもそのとき、わたしは気づいたのです。

彼の口から出る言葉をワクワクしながら聞いている自分に。

「うわぁぁぁぁぁ、えげつないことを言ってはるわ……！」と心の中で思いながら、「そうですか、そうですか」と彼の話を聞く。止まることのないモラハラ・パワハラ発言に、「このままどこまでいくのかな？」とワクワクしてきている自分がいたのです。

このときのわたしは、彼の言葉を自分の中に受け入れることなく、テレビドラマを見るかのように彼を見ていたんですね。

こういうクセ強キャラは、相手が誰であろうと、関係なく、自分の意見を語りまくります。ならばこちらも、自分事としてまともに聞き入れる必要はありません。**面白い奴が出てきたな〜くらいの感覚で、ボーッと見ていればＯＫ**なのです。

「虫が好かない人」が気にならなくなるコツ

連続ドラマを思い出してみてください。３カ月のワンクールが終わるまでの間に、色々な事件が起こりますね。主人公の邪魔をするクセの強いキャラも現れます。

何事も起きない、嫌なやつも誰も出てこない。そんなドラマは面白みがありません。

クセ強キャラのクセが強ければ強いほど、ドラマは面白くなり、盛り上がります。「半沢直樹」に大和田暁が出てこなければ、面白くないのです。

人生もそれと同じです。クセの強い、問題のあるキャラが現れるから、何だか人生は楽しいのです。

こういうクセ強キャラには、**「わたしの人生を盛り上げてくれてありがとう！」**と思うようにしましょう。

そうすると、何だか、相手のことが滑稽《こっけい》に、また愛しくさえ思えてきます。わたしは、その食事会で「この人は、わたしという連続ドラマの盛り上げ役なんだ」と思って以来、彼のことがあまり苦手ではなくなりました。不機嫌を撒き散らしてるのを見ても、「ああ、また盛り上げてくれてるわ！」と思えるようになったのです。

あのディレクターは今、どこで何をしているのか……。知る由《よし》もありませんが、20年近く経った今もふと思い出し、なつかしい気持ちになることがあります。

あなたももし、どうしようもないクセ強キャラが現れたら、「人生の盛り上げ役が現れたのだ！」と脳内変換してみてくださいね。不思議と、相手へのイライラや憤りが収まることを実感していただけると思います。
すべては捉え方次第です。
どうせなら、楽しくなる方向で捉えていきましょう。

ドラマも人生も、「悪役」が出てこないと面白くならない

47

ぐちゃぐちゃ人間の天敵・マウント人間は、「すごいですね!」で撃退

動物が、自己優位性を示すために相手にまたがることを「マウンティング」といいます。我が家には犬が2匹います。2匹ともオスなのですが、後から我が家にやってきた犬が先住犬にマウンティング行為をしていることがあります。見かけたらすぐに注意してやめさせていますが、先住犬が非常に気の毒です。先住犬のほうが年上ではありますが、彼は気が優しいので、そんなことになってしまっているようです。

人間の世界でも同じように、マウントを取る人が存在します。

人間がマウンティングをする場合は、直接相手にまたがるのではなく、会話の端々に、自分のほうが優位であることを見せつけるような言葉が挟み込まれることが多いようです。

わたしたちぐちゃぐちゃ人間は、マウントを「取る」より「取られる」ことのほうが多いのではないかと思います。

何でも素直に受けとめ、正直に話すところがあるので、マウント人間の餌食《えじき》となってし

まいやすいのです。
また、人とのコミュニケーションが苦手だ、と感じているわたしたちは、マウント人間から見ると、少し弱々しく大人しく見えるかもしれません。大人しそうな人もまた、マウント人間の餌食になりやすいのです。

こちらから〝勝ち負けの土俵〟には絶対に上がらない

マウント人間は、心が枯渇《こかつ》しています。相手より自分が優位だと見せつけなければ落ち着かない。誰かをターゲットにし、自分はすごいのだとアピールしなければ自分を保つことができないのです。すなわち、**究極の弱虫**なのです。

特にわたしは体が小さく大人しそうに見える、おどおどして見えるなど、マウント人間の餌食になる要素を多く持ちあわせています。

ですので、これまで数々のマウントを取られてきました。「マウント取られやすい人選手権」に出たら、かなり上位に食い込める自信があります。

容姿のこと、お金のこと、子供のこと、マウントのジャンルは多岐にわたります。耐性がつくほどにマウントを取られ続けた結果、わたしはマウント人間に対する素晴らしい対処法を見つけました。

ひたすら、「すごいですね！」を繰り返すのです。これでマウント人間の対処はオールOKです。

このときの唯一の注意点としましては、**たとえカチンと来ることがあっても、言い返してはいけない、ということ**です。

とにかく、認められたい、褒められたい。それがマウント人間です。究極の弱虫なのです。相手にする必要はありません。「すごいね、すごいね」と認めてあげることで、やがてマウント人間はあなたにマウントを取ることに飽きてきます。そして次のターゲット探しの旅に出ることでしょう。

あなたの大切な心のリソースを、しょうもない弱虫人間に割く必要はありません。マウントを取られる人のほうが、本当は何倍も強いのです。マウントを取られるあなたは、強くて優しいのです。可哀想な弱虫に、負けてあげましょう。

「すごいですね！」の1000本ノックで無敵になろう

48

「なめられるくらい」でちょうどいいのです

あなたは周りから一目置かれる存在ですか？　それとも、ちょっとなめられているなあ、と感じますか？

もしあなたが、なめられているなあ、と感じているなら、おめでとうございます！　あなたはラッキーです！

わたしは、かつて、自分がなめられやすいところがすごく嫌でした。

小柄で女性っぽい見た目やアニメ声が人からなめられる要素だ、と思ったわたしは、サングラスをかけてみたり、髪の毛を金髪にしてみたり、派手な服装をしてみたりと様々なことを試みました。わたしのブログを遡《さかのぼ》ると、黒歴史がたくさん刻まれています（笑）。

似合わないサングラスをしている姿は、非常に滑稽です。

見た目を派手にすると、たしかに人からなめられる頻度は少なかったように思います。

しかし、この時期に出会った人で、今も関係が続いている人というのが、なぜかほとんど

どいないのです。良くない出会いも多く、人生で一番すさんでいた時期といえます。

変な自己プロデュースに疲れ果てたわたしは、無理することをやめ、元のなめられやすい自分に戻りました。初対面の人からは軽視されたりすることも、また多くなりました。

「マウント人間なんて、そんなものだ」という心構え

しかし、再びなめられやすい自分に戻ったことで、わたしは大きな発見をしました。**初対面の相手の人間性が見えるようになった**のです。

人の本性、というものは「自分にとって特にメリットがない相手に対する態度」でわかるといいます。誰も見ていないところで、困っている人にさっと手を差し伸べることができる人は真に優しい人です。宅配便を持ってきてくれた人に労いの言葉をかけられる人は、心の美しい人です。

相手の立場や見た目に関係なく、どんな相手にも変わらない態度で接することができる人は、本当に優しい人です。「なめられるくらいでちょうどいい」とわたしが言い切るのは、人の本性が見えるから、というのが大きな理由です。

みんなから一目置かれる存在の人のことは、みんなが大事にしようとします。良くない

人間も、気に入られようと良い人のふりをして近づいてきます。

強そうな人に偉そうな態度をする人は少ないでしょう。そうなると、なかなか相手の本性を見抜くことは難しくなります。自分の周りに良くない人間性の人間が集まっていても、気付くことができないかもしれません。

あなたがもし、「自分は人からなめられることが多いな」と感じていたら、それはむしろラッキーなのです。相手によって態度を変える人を、瞬時に見抜くことができます。

また、あなたが、心地良いな、この人好きだな、と感じる人と付き合って間違いはありません。**人を本当の意味で大切にできる素敵な人と、いい関係を築いていくことができるでしょう。**

なめられる存在でいることで「人間リトマス試験紙」になれるのです。誇りをもって、なめられましょう。強者には見えない、弱者でいるからこそ見える世界があります。

自分は「人間リトマス試験紙」だと捉えよう

49

自分に当たりのきつい人にこそ、あえて「褒め言葉」をプレゼント

「『〇〇くんってすごくドッジボールうまいね』って言ったら、仲良くしてくれるようになったのー！」

これは先日、わたしの娘が嬉しそうに、わたしに話してくれたことです。娘は小学二年生で、日々学校で楽しく過ごしているようなのですが、時にトラブルも起こります。

「最近、〇〇くんがわたしに意地悪をしてくるの……」

娘からそんな話を聞いて、少し心配していたのですが、娘の様子を静かに見守っていました。そして、数日後、冒頭の言葉を聞いたのです。

わたしは、我が娘ながら、すごいな、と感心しました。**自分に意地悪をしてくる相手に対して、褒め言葉を投げかける。**なかなかできることではありません。

しかし、実はこれ、大人同士のコミュニケーションでも、非常に有効なテクニックなのです。

日常生活の中で、

「何だかあの人、自分に冷たいな……」

「いつも目が合わないな……」

「会話に自分を入れてくれないな……」

「いつも嫌味を言ってくるな……」

そう感じる相手はいませんか？　そんなときは、あえて、その人に積極的に話しかけてみてください。

「何か失礼なことをしちゃったのかな」と不安なときは

わたしたちぐちゃぐちゃ人間は、自分を責めやすい傾向がありますので、そういう相手を前にすると、「自分が何か相手にとって嫌なことをしてしまったかな……」とクヨクヨと考えてしまいがちです。

そうなると萎縮してしまい、相手との距離は縮まることはありません。「気のせい」だけかもしれないのに、相手のことをどんどん苦手に感じてしまうこともあるでしょう。

無駄な感情のもつれを生まないためにも、そういう相手にはあえてあなたから、勇気を出して話しかけてみてください。

そして、**何がしか、相手の良いところを見つけ、口に出して伝えてみる**のです。髪型のこと、ファッションのこと、何でも構いません。**何も見つからなかったら、漠然《ばくぜん》とした言葉「〇〇さんって素敵ですね」でも構いません。**

自分につらく当たる人の良いところを探すのはなかなか至難の業です。

しかし、これは一種のゲームだと思って、取り組んでみてください。

こんな「確実に達成できる小さな目標」でOK

わたしにはかつて、とても苦手な男性がいました。いつもえらそうで、上から目線。わたしをバカにするような言葉も投げつけてくる。本当は会うのもイヤでしたが、仕事関係のつながりですので、会わないわけにもいきません。

会うたびにムカッとするのもイヤなので、どうしようかな、と悩んだ結果、**相手をあえて褒める、という作戦に出た**のです。

これは、かなり効果的でした。何回か続けていると、彼の態度が少しずつ変わってきたのです。今では彼は、わたしに対して「尊敬している」とさえ言ってくれるようになりました。

褒められてイヤな気持ちになる人などいません。**ならば、自分に対してきつく当たる人にこそ、プラスの言葉をどんどん投げかけてみましょう。**

嫌いな相手にそんなこと言うのイヤだ！　そう思うかもしれませんが、人を「嫌い」で い続けるのには、実はかなりの労力がいります。まったくもって無駄なエネルギーです。そんなことにエネルギーを使う時間はもったいない。

最初のうちはあくまでも、ゲームだ、と思ってやることがポイントです。つまり単なる「遊び」です。**本気になりすぎないこと**です。

相手が変わりはじめてきたとき、少しずつ自分にとって相手の存在は、「イヤな奴」ではなくなってくるはずです。

この作戦が「失敗してもかまわない」スゴい理由

ちなみに、わたしには失敗した例もあります。いつも挨拶しても目を背けられる相手に対して、自分から、３回連続、積極的に話しかけて褒め言葉を投げかけてみましたが、全て無視されてしまいました。

こういう場合は、**何をしても無理**です（笑）。残念ながら、仲良くなれない人というのは、この世に存在します。その人との距離を縮めるのは不可能だと思って、すっぱりあきらめ、潔く「この人は何をしても無理」リストに入れてください。

この「自分からあえて話しかける作戦」は、失敗しても全然いいのです。この作戦は実行しさえすればＯＫ！　なぜなら、自分が何か悪いことをしてしまったのでは……と無駄に自分を責め続ける時間をなくすことができますので。ぜひ、お気軽に試してみてくださいね。小学生でも見事成功したくらい簡単なので、やってみる価値はあります。

あくまで「ゲーム」だと思ってやってみるのがコツ

50

叩きたい人には叩かせておこう

わたしたちぐちゃぐちゃ人間は、なぜか少し目立ってしまうところがありますので、人から嫌われてしまうことも多いと思います。

なんだかまわりから浮いているかも……。

そんなふうに感じたときに、おすすめの考え方をご紹介します。

日常生活で人と関わる限り、何らかの問題は必ず生じてきます。これは、特性のあるなしには関係がありません。

何かの集団に属すると、必ず誰か一人くらいは何だかそりが合わない人がいるものです。全員と気が合い、全員のことが大好きだ、という状態は、なかなかないですよね。

「2：6：2の法則」というのをご存じですか?

「2：6：2の法則」とは、〝どのような組織・集団も、人材の構成比率は、優秀な働きを見せる人が2割、普通の働きをする人が6割、貢献度の低い人が2割となる〟という理論です。経済学者ヴィルフレド・パレートによって提唱された「パレートの法則」が2：6：2の法則のもとになったといわれています。

この2：6：2の法則は、人間関係や組織において、次のように当てはめることができます。

どんな組織に属しても、2割の人は自分に対して好意的であり、6割の人はどちらでもなく、好意的でない人が2割いる、ということになります。

つまり、どんな場所でどんな行動をしようとも、2割の人からは必ず嫌われる、ということです。

「いちいち気にしない心」が手に入るヒント

わたしの所属しているナレーター事務所には、200名以上もの人が所属しています。ということは、この法則に当てはめて考えてみると……。

わたしがどんな行動をしようとも、40人からは嫌われる、ということになります。結構な数ですね（笑）。

しかし、この2：6：2の法則にのっとって考えると、集団の中には自分を嫌う人が一定数いるのは、しごく当然のことなのです。自分がどのような行動をしようと、嫌われる。

ならば、**気にしないのが一番**です。

また、余談ですが、「人の悪口を言う人」というのは、確実に失墜《しっつい》していきます。悪口を言う人は、その内容がどうであれ、人からの評価を落とすからです。これまでわたしは、「○○さんが郁ちゃんの悪口を言っている」と人から教えていただくことが何度もありました。その度に傷つきましたが、完全にスルーすることを心がけました。

決して自分は相手の悪口を言わないぞ、と心に誓い、スルーする。すると、その悪口を言っている相手は、全員もれなく、いつの間にか周りからの信頼を失っているのです。

「悪口には魔物が潜んでいるのではないか……」とわたしは思っています。

叩きたい人には叩かせておくことが、一番効果的な対処方法です。

何をしても、2割の人からは嫌われる、と思っておこう

51 最後の最後は「知らんがな！」で自責の念を切り捨てる

わたしたちぐちゃぐちゃ人間は、嫌なことが起きると、ぐるぐると何度も同じことを考えてしまうところがあります。これを反芻《はんすう》思考、といいます。ＡＤＨＤやＡＳＤ気質を持つ人は、この反芻思考に陥りやすい傾向にあるといわれています。

失敗をして人から叱責されたとき、そのシーンを何度も何度も思い出して苦しくなってしまうこと、ありませんか？

そしてどんどんその相手のことが苦手になっていく……。

次に顔を合わせるのが怖い……。

そんなネガティブなループに陥りやすいと同時に、わたしたちぐちゃぐちゃ人間は、よく自分でハマりがちな落とし穴があります。それは「自責思考」です。

わたしたちぐちゃぐちゃ人間は、つい自分を責めてしまいがちなのです。

人と同じようにできないことを責められたり、ミスして叱られたり、空気が読めないことを指摘されたりする経験が多ければ多いほど、何かトラブルが起きたとき、「自分が悪いのだ」と真っ先に感じてしまうのです。

自分へのダメ出しは〝ほどほど〟に

もちろん、自分に落ち度がなかったか考えることは、大切です。自分が成長する上で、起きた出来事から反省し、同じ失敗をしないようにすることはとても大切なことです。

しかし、**必要以上に自分を責めないようにしてもらいたい**のです。

世の中には、そんなわたしたちの特性を知った上で、嫌がらせをしてくる人間、というのが存在します。人を自分の支配下に置くことで満足感を得る、という人種です。

パワハラ上司やモラハラ上司などは、まさしくこれに当たります。友人のふりをしてマウントを取るフレネミーも、この種のタイプです。

「あなたのためを思って……」という言葉と共に、あなたを傷つける言葉を発言のところどころに巧妙に散りばめる人も、そうですね。

相手が本当に自分を思ってくれているかどうかは、ここまで本書を読み進めてくださったあなたなら、肌感覚でわかるはずです。

人からダメ出しをされても、必要以上に自分を責めないようにしてください。

ボケがわからないわたしが悪いのか？

あるとき、お仕事で、とある芸人さんと共演をしたことがありました。収録が始まるまで、待合室で二人きり。何となくぎこちない空気が流れる中、芸人さんは、謎の言葉をしゃべりだしました。

「○×▲■○△×□……」

わたしには、彼が何と言ったかよくわかりませんでした。

きょとんとして見つめると、さらに、

「○×▲■○△×□……」

ん？

わたしにはまだ理解不能でした。

「○×▲■○△×□！！！」

大きな声でさらに何かをいう彼に、「えっと、すみません、何と言ってるんですか？」と尋ねました。すると、

「このボケ殺し！　せっかくボケてるのに、台無しにするような恥ずかしいこと言わんといてくださいよ！！！」

芸人さんは、何だか不機嫌になってしまいました。

「すみません……」とわたしは謝り、気まずいまま、収録に挑むことになりました。当然、いまいちトークも噛み合わず、不完全燃焼で収録は終わりました。

帰宅後も、わたしは、何度もそのシーンを思い出し、彼のボケに何も反応ができなかった自分を責め続けました。空気が読めなかったわたしが悪かったのだと。

彼は、場の空気を和ませようとしてボケてくれたのかもしれない。

それなのに何の反応もできなかった。やっぱり自分はダメなんだ……。

ノリツッコミが当たり前の関西の業界では、この先やっていけないかもしれない……。

どんどんわたしの心は奈落の底に落ちていきました。

しかし、翌朝、目覚めた瞬間、こう思ったのです。

ボケ殺し……？

「知らんがな!!」と。

「自分が悪い」の呪縛から解き放たれよう

相手の気分を害してしまったと感じたとき、わたしたちぐちゃぐちゃ人間はまず真っ先に自分を責めるでしょう。

会話が盛り上がらなかったら、自分のせい。

相手がつまらなさそうなら、自分のせい。

不機嫌そうな人を見たら、自分のせい。

この日の、芸人さんのボケを拾うことができなかったわたしは、自分が悪かったのだと思い込んでいました。

しかし、よく考えてみてください。わたしはツッコミ担当の漫才師ではありません。一般人です。その一般人に伝わらないボケをする方にだって、問題はあるはずです！（笑）

ある意味、理不尽なダメ出しです。

わたしが仲良くしていただいている芸人さんの中には、秀逸なボケをされる方がいます。その方は、わたしがよくわからなさそうな顔をしていたら、「ボケ殺し」などとは言わずに、同じボケを2回もわかりやすく丁寧にしてくださったり、「郁ちゃん、おもろいなあ」と、ボケに反応できないわたしをそのまま受け入れてくださいます。

ボケにうまく突っ込めなくても、怒られる筋合いもなければ、自分を責める必要もないのです。

わたしが天然ボケと周りから言われ、ボケをボケで返してしまうボケ殺しであることは間違いありませんが、これは、努力してどうにかなるものではありません。

自分を責めても、何も改善されず、いいことは何ひとつありません。

あなたがもし、誰かとのコミュニケーションがうまくいかず、いい人間関係を築くことが難しかったり、相手から怒られたり嫌われてしまったとしても、それは必ずしも「あなたが悪い」とは限りません。

単に、相手との相性が悪かっただけかもしれません。

相手側にも、問題があったのかもしれません。

わたしたちには、この「開き直り」が絶対必要！

発達障害を持つ人は、「得意なこと」「頑張ったら何とかできること」「どんなに頑張ってもできないこと」があります。

どんなに頑張ってもできないこと、に関してダメ出しされた場合、時には開き直ることも大切なのです。

あなたも、理不尽なダメ出しに心が追い詰められてしまったときは、是非「知らんがな」とつぶやいてみてください。このたった5文字には、襲いかかってくる自責の念をはねのけ、自分の心を守るとても大きな力があります。

Let's say together!

「知らんがな！」

最後の最後のお守りとして、心に持っておいてもらえればと思います。

「ふてぶてしくなっていく自分」を面白がろう

column

05

「自分の取扱説明書」をつくろう

本章の233ページで、「発達障害を持つ人には、『得意なこと』の他に『頑張ったら何とかできること』と『どんなに頑張ってもできないこと』があります」ということを述べました。確かに、**ぐちゃぐちゃ人間は、得意・不得意の差が激しく、できないことも多い**といわれています。

そんな愛嬌のある「不完全な自分」をまるっと全部愛するために、ぜひ取り組んでいただきたいことがあります。

それは、**「自分の取扱説明書」をつくること**です。

わたしたちぐちゃぐちゃ人間は、いわゆる「普通」といわれる人とは違うところがあります。普通の人が「当たり前」にできることができないことも多く、人に迷惑をかけてしまうこともあります。

例えば、わたしの場合はこのような具合です。

①集団で協力して作業をするのが苦手
②タスクが多くなりすぎると、どんなに注意していても抜け落ちてしまう
③曖昧《あいまい》な指示が、理解できない
④一つのことに集中し始めると、周りの声が聞こえなくなる
⑤ある日突然、電池が切れたように動けなくなる
⑥長時間、人と一緒に過ごしていると、頭痛がしてくる
⑦物をすぐになくす
⑧目の前にあるものが、視界に入らない
⑨次々に指示をされると、前に指示されたものから順に、忘れていく
⑩納得できないと、行動に移せない

ざっと思いつくだけでも、こんなにたくさん人に迷惑をかけてしまうかもしれない要素があります。

では次に、これらの課題に対して、どうすればいいのか、自分なりに思いつく対処方法を書いていきましょう。

それぞれの番号に対応する対処方法をご覧ください。

①何をすればいいのかわからず立ち尽くしてしまうので、自分の役割をいち早く見つける。または、作ってもらう

②すべてのタスクを書き出し、達成するごとにチェックをしていく

③指示を理解できずに臆測《おくそく》で動くことはやめ、具体的に何をすればいいのかを聞く

④何かに集中し始めたら、人の声が聞こえなくなり生《なま》返事をしてしまう特性があることを、前もって周囲の人に伝えておく。また、タイマーを設定し、何かに集中していても我に返るタイミングを自らつくり出す

⑤突然電池が切れる前に、「休息する時間」を、あらかじめスケジュールに入れておく

⑥頭痛薬を常備する。また、人といると頭痛がする体質であると前もって伝えておく

⑦忘れ物防止タグなどをつけて対応する。それでもなくしてしまうこともあるので、ある程度のことは、あきらめる

⑧一度確認した場所であっても、何度も確認してみる

⑨指示されたものはすべて、紙に書き出す。または、紙に書いて伝えてもらうようにす

る

⑩「なぜ、それをしないといけないのか」をきちんと説明してもらう

こうして書き出してみると、**「自分一人の力で何とかできること」**と**「周りの人にも理解しておいてもらったほうがいいこと」**の2つが存在していることがわかります。

まずは自分で何とかできる対処法で、自分を上手に取り扱いましょう。そして信頼できる相手には、取扱説明書を見てもらうこともおすすめです。

とくに夫婦や恋人など、パートナーに対しては、自分が言われたらひどく落ち込んでしまう言葉なども伝えておくといいかもしれません。

夫はわたしの特性を理解してくれているので、わたしに何かを頼むときには、すべて箇条書きにして書き出して伝えてくれます。また「こんなこともできないの?」と口にしそうになるところをぐっとこらえ、別の表現にしてくれたり、「普通は……」という言葉を、わたしには使わないようにしてくれたりしています。

そのかわり、わたしは自分にできることで、目一杯頑張る。それで、わたしたち夫婦は

うまくいっています。

発達障害を持つ人は、人に喜んでもらうことが大好きで、人の笑顔を見るとますますます頑張れる人が多い、といわれています。

他者に貢献したい。その思いは人一倍強いのが、ぐちゃぐちゃ人間です。

苦手なことは、手伝ってもらうなど、工夫をしましょう。

その代わりに、自分にできることでたくさん貢献して、周りの人に喜んでもらいましょう。

相手を困らせないためにも、自分のためにも、取扱説明書はとても有効です。まるっと自分を愛するために、ぜひあなたも、あなたのトリセツを作ってみてくださいね。

ちなみに、本書はぐちゃぐちゃ人間が苦手意識を持ちがちな「コミュニケーション」について、わたしがコツコツつくってきたトリセツをまとめたものです。

すぐ真似できそうなテクニックは、今日から使ってみてください。そしてご自分で使ってみて、「ここは、こうしたほうが使い勝手がいいな」と思いついたものがあれば、アレンジして、ご自身なりにワザを進化させていってくださいね。

6章

わたしたちの特性は「武器」にもなる！

時には「攻めのコミュニケーション」も必要

52

疑問や問題を感じたときは、〝直接〟本人に確かめる

おさえ切れない衝動性や正義感の強さは、わたしたちにもともと備わっている能力です。これを活かせば、すっきり問題解決できる、というお話をしたいと思います。

例えば、誰かから、〇〇さんがあなたの陰口を言っている、と聞いたとしましょう。根も葉もない噂話をされているかもしれません。

大したことないや、と気にしないでスルーできるレベルの陰口ならいいのですが、どうしても我慢ならず、胸がモヤモヤしてくるようなものだったとしたら……。

そんなとき、どうしたらいいのか。

それは、本人に直接確かめることです。 本人の意見を直接聞くことで、無駄な回り道をしなくてすみます。

〝モヤモヤ〟をため込まないために、わたしがしたこと

あるとき、わたしはある人から、「〇〇さんが、『郁さんの旦那さんが死んだらいいのに』と言っていたよ」という話を聞きました。自分のことならいざ知らず、夫が死んだらいいなんて言われて、黙っているわけにはいきません。わたしは、とても悔しく悲しい気持ちになりましたが、それをぐっとこらえて、誰にもそのことを言わず過ごしていました。

あるとき、「夫が死んだらいい」と言っていた、という噂の張本人にお会いする機会がありました。わたしは、彼に直接、尋ねました。

『わたしの夫が死んだらいいのに』と言っていた、というのは本当ですか？」と。

すると、「確かに言ったけど、冗談というか何というか……（笑）」とモゴモゴと返されました。話を伺うと、ネタ、というか、話の流れで、つい面白おかしくそのような発言をしてしまった、とのことでした。ご本人から直接、事情を聞いたことで、そこまでの悪意を持って発言したわけではないことがわかりました。

わたしは、伝えたかったことをきちんとお伝えしました。

「冗談でも、言っていいことと悪いことがあるので、やめてくださいね」

そこで反省してくださったのでしょう。それ以降、その方が、「夫に死んでほしい」などという話をしていた、という噂を聞くことも一切なくなりました。

わたしも、ご本人にきちんとお伝えしたことで心のモヤモヤがスッキリし、今は、その相手の方とも、普通に仲良くすることができています。

陰口に対して陰口を言っても、何の解決にもなりません。相手と同じ土俵に立ってしまうだけです。また、その陰口が誤解だった場合、余計に関係がこじれてしまう要因にもなります。

それに、陰口というのは、往々にして、もともとの発言よりも大げさに、悪意を持って広がっていくことがほとんどです。その発言をした張本人からすると、「そこまでの悪気はなかったのに……」ということも多いのです。

何か問題を感じたときは、陰でものを言うのではなく、直接、本人に伝えましょう。

心がモヤモヤすることは、直接、本人に尋ねる

53 「大好き」は、わんこ大作戦でどんどん伝えよう

あなたは、犬派ですか？　猫派ですか？

わたしは長年、犬を飼っています。まんまるの目で、大きく尻尾を振って、どんなときも自分の好意を惜《お》しみなく伝えてくれる愛犬のとどくんは、わたしの心の癒しです。

犬の愛情表現は、彼らにとって、飼い主がなくてはならない存在であることをひしひしと感じさせてくれます。健気《けなげ》すぎて、犬が気の毒に思うことすらあります。犬の可愛さというものは、それくらい半端ないです。

しかし、実はわたしは、猫に憧れています。なぜ猫を飼っていないかといいますと、強烈な猫アレルギーだからです（笑）。猫のように、のんびり気の向くまま、誰かに縛られることなく、自由に生きることができたら……。またミステリアスな猫の瞳にも惹かれます。

ミステリアスな人というのは魅力的です。見えない部分があるところに人は惹かれま

す。そんな女性になりたいな、と憧れた時期があります。

しかし、発達障害を持つわたしは、好きな人に対してだけは、どんなに隠そうとしても自分の感情を隠すことができないのです。まさに、ビュンビュン尻尾を振る犬状態になってしまいます（笑）。

したがって、ミステリアスな猫になるのは早々にあきらめました。

「自分の気持ち」に素直になるためのプチ・レッスン

好きな相手には、心に嘘をつくことなく、どうせできない下手くそな計算をすることもやめ、犬のごとく素直に好意を伝えることにしたのです。

名付けて**「わんこ大作戦」**です。**わたしは、この「わんこ大作戦」を取りはじめてからこれまで、自分が「大好きだな」と思う人から嫌われたことは一度もありません。**

人間関係において、「この人好きだな」と思う人とは、100％仲良くなり、いい関係を築くことができているのです。

恋愛関係においては、あらゆるタイミングだったり、好みの問題もあったりしますので、一概に言うことはできませんが、**「好みではないけど、人としては好き」と思っても**

らえるくらいのところまでは、相手との距離をぐっと縮めることができる自信があります。
「好き」という気持ちは何ものにもかえがたく、尊いもの。それは、どんどんオープンにして良いのです。隠す必要はありません。もったいつける必要もありません。「大好き」と言われて、イヤ、イヤな気持ちになる人などいません。

イヤ、と思われることがもしあるとするならば、それは、しつこくつきまとったり、じとーっと見つめたり、待ち伏せしたり、相手の返信を待たずにメッセージを送りまくったり……といった、迷惑行為をした場合のみでしょう。仕事を共にする人たちのこともわたしは大好きなので、頻繁に「めっちゃ大好きですー！」と、直接声に出して伝えています。

ポジティブな〝陰口〟なら、みんな大歓迎！

また、相手が目の前にいないときにも「あの人のこと、大好きなんですよね」と、口にするようにしています。**陰で悪口を言うのは絶対にダメですが、褒め言葉は陰で言うと、とても効果的**です。

直接褒め言葉を相手に伝えると、お世辞と捉えられてしまう可能性もなきにしもあらずですが、まわりまわって本人の耳に届く褒め言葉は、「本当の言葉」として、相手はより素直に受け止めてくれます。

あなたが、感情を隠すことが苦手なタイプだとしたら、思い切って、ぜひこの、わんこ大作戦を日常生活に取り入れてみてください。まんまるな瞳で、素直な気持ちで、好きを伝えてみてください。

好意は素直に伝えよう

その際のたった一つの注意点をお伝えします。

「好きです……」と小さい声で言ってはいけません。**怖がられます（笑）。**

「あなたのことが、人として、大好きです！」、これです。

「好きです……」ではなく「大好きです！」と言うようにしてください。〝大〟がつくことで、「もしかして恋愛感情なのか……？」と、相手に警戒されるかもしれない危険因子を消し去ることができます。くれぐれもカラッとさわやかに伝えるようにしてくださいね。

大好きな人にはどんどん「大好き」と伝えましょう。わんこのように、愛着を持って可愛がってもらえますよ。

54

「一見、とっつきにくい怖そうな人」を仲間に取り入れちゃう秘策

いつも朗らかでニコニコしていて、誰にでも優しい人、というのは安心しますよね。話しかけやすいですし、こちらも萎縮せず接することができます。

逆に、目は三白眼、笑顔はほとんどなし、声は地響きがするくらい低く、体はとても大きく、寡黙《かもく》な人がいたらどうでしょうか。ほとんどの人が、怖くて萎縮してしまうと思います。

実はこれ、わたしが大好きな、ある人の特徴です。

それは、俳優の伊藤えん魔さんです。えん魔さんは、俳優さんで、悪役を演じさせたら右に出るものはいないのではないかという強面《こわもて》で、さらに怪談のスペシャリストでもあります。どこからどう見ても、とても怖いんです。

初めて現場でお会いしたとき、わたしはもちろん萎縮しました。その日はご挨拶はさせていただきましたが、会話をする機会はありませんでした。

それからしばらくして、また、えん魔さんと現場でお会いすることになりました。えん魔さんは、相変わらず恐ろしいルックスで、その場に佇《たたず》んでおられます。

わたしのことなど覚えてらっしゃらないだろうなあ……。

そう思いましたが、勇気を出して、お声をかけてみました。

「以前、お仕事でご一緒させていただいた中村郁です」

すると、えん魔さんは地鳴りがするような低い声で、こう答えてくれました。

「あなたのことはよく覚えています。鈴の鳴るような美しい声ですね」

まさかまさかの、わたしのことを覚えてくださっていたのです。

そして、後日、えん魔さんは、美味しいうなぎを食べに連れて行ってくださいました。

恐ろしいルックスのえん魔さんですが、お話ししてみると、とてもお優しく丁寧で、わたしはその見た目とのギャップに、すっかり大ファンになりました。

えん魔さんも、なぜかわたしを可愛がってくださるようになって、今では、発達障害に関して理解を深めるためのトークイベントを３ヶ月に一度開催するなど、わたしの活動を応援してくださっています。

あのとき、自分から勇気を出して話しかけていなかったら、えん魔さんと今のように仲良くさせていただくことはなかったと思います。

怖そうだけど、話しかけてみたい。

その衝動性に素直に従って、大正解でした。

自分の〝武器〟にしっかり気づく

実はわたしは、一見、とっつきにくく見える人と仲良くなることがよくあります。

「え？　郁ちゃん、あんな怖そうな人と友達なん？」

と言われることが、とても多いのです。

とっつきにくく見える人には、普通の人は、簡単には近づこうとはしません。

だからでしょうか、**そういう人にこそ、思い切って話しかけてその胸に飛び込んでいくと、優しく受け入れてくださり、可愛がってくださることが多い**のです。

経営者などをはじめ、人の上に立つ人は、孤独だといいます。みんなが気を遣い、本音で話してくれなくなる。

そんな中、素直に飛び込んでくる人というのは、珍しい存在なのでしょう。

わたし自身もいつの間にかキャリアが20年を超え、ベテランと呼ばれるようになりました。周りから気を遣われることも増えてきました。

しかし、そんな中でも、わたしに「郁さん、遊びましょー!!」と、とてもフランクに、同年代の友達のような空気感で遊びに誘ってくれる後輩が、何人か存在します。

わたしはそんな後輩のことは、とても可愛く、愛しく感じます。彼女たちもまた、衝動性がとても強く、素直で、先輩の胸の中に飛び込むのがとても上手だな、と感じます。

礼儀正しく、自分の立場をわきまえて、も大切ですが、**時には、ガンガン攻めてもいい**のです。

大丈夫。素直な気持ちは相手に伝わります。受け止めてもらえます。

空気を読んで躊躇するのはもったいない。

話しかけなくて後悔するくらいなら、話しかけちゃいましょう。

わたしたちの衝動性は、とっつきにくい人にもアタックできる最強の武器なのです。

相手のふところに飛び込める「衝動性」は、大きな魅力!

55

タモリさんのように、変化に気づいたら〝その場で〟伝える

「髪切った？」

タモリさんの有名なモノマネフレーズ。この言葉は、「会話が続く魔法の言葉」と言われているそうです。実は、わたしは、お恥ずかしながらタモリさんのこのフレーズを知らず、仕事現場で髪を切られた方に「髪切られましたか？」とお伝えしたところ、**「タモリさんやん」**と言われ、この有名なフレーズを知ることとなりました。

わたしは人が髪を切ったことにすぐに気づくので、いつも髪を切ったかどうか尋ねる癖がありました。知らず知らずのうちに、わたしは、タモリさん化していたようです。

なぜ、わたしが、「髪切った？」をよく口にするのか。それには理由があります。

髪を切った相手に対して「髪を切りましたか？」と尋ねると、特に女性はとても喜んでくださるからです。

「誰も気づいてくれなかったんですよー！」

「ちょっとしか切ってないのに、よく気づいてくださいましたね！」

「髪を切ったことに触れてくださったの、郁さんが初めてです！」

そんな反応が返ってくることが多く、わたしはいつも驚きます。

「いや、明らかに切ったのわかるやん！　誰も言わないってどういうこと?!　みんな、気づいてないの？」

しかし、自分が髪を切ったときのことを思い返してみると……。

確かに「髪を切った？」と尋ねてくださる方はとても少なく、何も言わない方のほうが多いのです。そして、**わたし自身、人から「髪切りましたか？」と言われると、何だかうれしい気持ちになります。**

なぜうれしいのか。それは、相手が自分の変化に気づいてくれたことがうれしいからです。「自分の変化に気づいてくれる」＝「自分のことを見てくれている」、と感じることで、相手との心の距離が縮まるのです。

なぜ「髪切った？」を口にする人が少ないのか……。みなさん、自分がタモリさん化することを恐れているからなのか何なのか、その理由はわかりませんが、こんなに人に喜んでもらえる言葉なのに、口にしない手はありません。

「髪切った？」と言われて怒る人は、まずいません。わたしの勘違いで、相手が髪を切っていなかったこともありましたが、怒られたことは一度もありません。

大切なのは「あなたに興味がありますよ」「あなたのことを見ていますよ」という気持ちを伝えることなのです。相手の些細な変化に気づいて伝えることで、相手への興味と関心を表現することができます。

「あなたを気にかけていますよ」というメッセージ

変化に気づく、というのは、髪の毛だけではありません。先日、所属事務所に入ると、玄関に大きな観葉植物が飾ってありました。わたしはスタッフさんに、

「この植物、めっちゃいい感じですね!!」

とお伝えしました。すると、

「これを置いてからもう1週間になるんですが、この観葉植物のことに気づいて触れてくださったのは、中村さんだけです」

と言われました。

「えーーー！　こんなに目立つのになんで？（笑）」と、とても驚きました。

ひょっとすると、人は、変化を口にすることを躊躇する生き物なのかもしれません。**思ったことをすぐに口にするのは、わたしたちぐちゃぐちゃ人間ならではの特性なのかもしれません。**しかし、スタッフさんは、「観葉植物に気づいてくれた！」と、とても喜んでくださっていました。事務所の入口に植物をおいてくださったのは、スタッフさんの思いやりです。ドアを開けた瞬間に緑があると、見る人の心が癒されます。

「人の細やかな思いやり」に気づいて口に出すことができる力は、日頃から、小さな変化に気づいて口に出すことを心がけることで養うことができます。

ぜひ今日からあなたも、タモリさんさながら「髪切った？」を口にしてみてください。目の前の人に興味を持ち、変化に気づいたら伝えましょう。

その際、一つだけ注意事項があります。「あ、太った？」とか、マイナスなことは、くれぐれも口にしないようにしてくださいね（笑）。

「小さな変化」を見逃さない

56

「嘘がつけない」わたしたちの特性を活かそう

発達障害の特性のあるわたしは、嘘をつくことができません。「空気を読む」ということが極端に苦手なので、日常生活のコミュニケーションにおいて、気をつけなければならないことはたくさんあります。夫が新しい服を着ているのを見て、

「なんかそれ、ちょっとおかしくない？」

と本心を言って、気まずい空気が流れてしまったことが何回もありました。

昔付き合っていた人が、真っ赤なコートを気に入って毎日のように着ていて、どうもそれがわたしの目から見ると似合っていないように感じ、

「それ、あんまり似合ってないと思う」

とはっきり伝えると、彼は涙を流しはじめ……。なんと、**たった一言で成人男性を泣かせてしまった事件**もありました。

これらの失敗を踏まえ、相手の外見や服装、髪型に関しては自分の感想を正直に言わな

い、ということを徹底するようにしています。

わたしの「場の空気」を一変させた一言

しかし、一見厄介な、この嘘がつけない特性は、人から深く信頼してもらえる素晴らしい特性でもあるのです。

複数名が集まると、誰かの悪口大会が始まることがありますね。数年前のことです。若手からベテランまで業界関係者の方が大勢集まる交流会で、こんなことがありました。ある古株メンバーの方が、率先してその場にいないメンバーの批判を始めたのです。最初は冗談、せいぜいイジリの範疇《はんちゅう》だったのですが、その場にいる人たちは笑いながら、「そうだよね、そういうところあるよね」と同調し、話はどんどん膨らんでいきます。

だんだん「イジリ」というより「悪口」になってきて……、

ついにわたしは黙っていられなくなりました。

「〇〇さんはそんな人じゃないですよ！　それどころか、すごく良い人です！」

みんなが楽しく盛り上がっている場の空気を、たった一人でぶち壊してしまいました。

こんな"言葉"を、人はずっと忘れない

わたしは自分が大切に思っている人のことを、その場のノリに合わせて悪く言うことができませんでした。**自分の気持ちに嘘をつくことはできなかったのです。**

結果、わたしのことを、「空気の読めない、頑固で面白くない人間」と思った人もいたことでしょう。でも、ネガティブな批評を言って盛り上がるような人たちには嫌われてもかまわない、と思ったのです。

また、その場の空気に合わせてネガティブなことを言っていると、それが本人の耳に届くことだってあるのです。そんなことになれば、これまで築いてきた、わたしの大切な人との信頼関係は、一瞬で壊れます。それだけは、何があっても避けたいことです。

わたし自身、人から悪口を言われることもあります。それは大抵、回り回ってわたしの耳に届きます。「○○の会で、みんなが郁ちゃんの悪口を言っていた」というような話です。

そのときに「○○さんだけは、『彼女はそんな人じゃないよ！』って否定してました」と後輩から教えてもらったときは、涙が出るほど嬉しかったのです。

大人数の空気感に呑まれることなく、わたしのことを守ろうとしてくださったその方には感謝の気持ちでいっぱいですし、その恩は一生忘れることはありません。

「どんな場であれ、相手が誰であれ、自分の気持ちに嘘をつかない」を貫いてきた結果、わたしは自分が大切に思っている人たちから信頼していただいておりますし、年齢性別を超えた深い信頼関係で結ばれています。

自分自身に嘘がつけないわたしたちの特性は、すばらしい武器です。

自分の気持ちにいつだって正直でいましょう。どんなに頑張っても上手く空気を読めないのですから、いっそのこと、自分に嘘をつかないことを貫きましょう。

嘘がつけないわたしたちだからこそ、大切な人と、本当の信頼関係を結ぶことができるのです。大多数＝マジョリティには持ち得ない、わたしたちだけの魅力です。

「空気なんて読まない」態度が凛とした魅力になる

57

「手書きの手紙」を書く

あなたが最後にお手紙を書いたのはいつですか？

わたしは、先週の土曜日です。知り合いから紹介していただいた方に初めてお会いすることになり、その方に向けてお手紙を書いたのです。

わたしたちぐちゃぐちゃ人間は、自分の気持ちを整理できなかったり、つい感情があふれたりして、自分の思いを上手に言葉で伝えるのが苦手なことも多いです。そんなとき、まっすぐに思いを相手に伝えられる「手紙」というツールが、わたしは大好きなのです。

わたしは、頻繁にいろいろな人にお手紙を書いています。また、相手との関係性にもよりますが、お礼状を送るときも、手書きのお手紙を送ります。プレゼントを渡すときは、必ず手書きのメッセージカードを添えるようにしています。

手書きの文字には、心を込めることができます。わたしが字を書けるようになり始めた幼稚園の頃。おばあちゃんがこんなことを教えてくれました。

「手書きで書いた文字にはね、魂が宿るんだよ。ノートの中で、みんな生きてるんだよ。だから、なるべくきれいに丁寧に書いてあげようね」

おばあちゃんのこの言葉の影響でしょうか。今でもわたしは、手書きの文字が大好きです。自分の気持ちを伝えるには、魂が宿る手書き一択です。

手紙は「読む人の心を強くしてくれる」必殺アイテムなのです

仕事を始めてから、お礼状を送る習慣が身についているのですが、「疲れが溜まって出勤した朝、デスクの上に中村さんからの手紙が届いていて、心があたたかくなった」と言っていただいたときはとても嬉しかったです。わたしも、人から手書きのメッセージをもらうと心がほっとあたたかくなります。それが美しい字であろうと、個性的な字であろうと、**「その人らしさ」が温度として伝わってくる**のです。

去年、徳島県で講演会をしたときのことです。会場につくと、素敵な花束が届いていました。そして、花束の中にはお手紙が。なんと、講演に参加したかったけれど、遠方で参加できないという方からのお手紙でした。想いのこもった、とてもとても長いお手紙でした。ちょうどその時期、わたしは疲弊する出来事が続き、心が低空飛行を続けていたのですが、その一通のお手紙は、わたしの心を、まるでひだまりのようにぼーっと温めてくれました。**お手紙というものは、こんなに誰かを勇気づけたり励ましたりできるんだ、と改めて手紙のすばらしさを知ったのでした。**

その後も、去年は、読者の方からもたくさん手書きのお手紙をいただきました。わたしの本に勇気づけられた、と書いてくださっているそのお手紙から、わたしはたくさんの勇気をもらいました。いただいたお手紙は宝物で、すべて大切に持っています。

SNSが普及し、手書きのメッセージを書く人が減ってきた今こそ、心のこもった手書きのお手紙は、相手の心に響きます。あなたにもし、大好きな人がいるなら。大切な人がいるなら。是非手紙を書いてみてくださいね。真心を込めた手書きのお手紙は、必ず相手の心の深いところに届きます。

あ、くれぐれも、真夜中には書かないようにしてください。**真夜中のテンションは危険**です。翌朝、自分で見返してみたら、絶句するかもしれません（笑）。

手書きの文字には「温度」がある

column

06

「強すぎる正義感」は武器になる

発達障害の特性を持つ人は、正義感が強すぎる傾向にある、といわれています。

曲がったことが許せない。

ずるいことをしている人を見ると黙っていられない。

誰かが傷つけられているのを見ると、放っておけない。

実際、わたしも、この強すぎる正義感のせいで、これまで何度も周囲とトラブルを起こしてきました。**「放っておきなよ」と周りから言われても、どうしても、自分が「間違っている」と感じる人を見ると、黙っていることができない**のです。要領よく生きることができず、生きづらさマックスで、この「強すぎる正義感」はとても厄介な特性ではあるのですが、わたしはこの強すぎる正義感に何度も守られたことがあります。

わたしの若い頃は、パワハラ・セクハラが今よりも横行している時代でした。キスされそうになり逃げたこともありますし、ホテルに誘われて断ったこともあります。一緒に飲んだ後、強引に家についてきた方を、足で蹴り飛ばしたことさえあります。

「何があっても絶対ムリなんで、もう帰ってください！！！」

その方との仕事はその後すっかり途絶えましたが、数年後、彼はテレビ局を退社したと風の噂で聞きました。その後何をしているのかは存じませんが、あのとき彼の要望を受け入れなかった自分を、心から誇らしく思いました。彼の立場を考えて受け入れるようなことをしていたら、わたしは一生自分自身の行動に対して後悔し続けていたでしょう。

どんなに立場が上の相手でも、自分が「これは間違っている！」と思ったことは、伝えるべきです。強すぎる正義感は、自分を守ってくれる大切な武器なのです。

え？ パワハラ、セクハラ野郎に、はっきり拒否を伝えるのが怖い？

大丈夫です。拒否しまくったわたしが、こうして今も変わらずお仕事を続けさせてもらえているのが、何よりの証拠。今、わたしがお仕事で関わらせていただいている人の中に、そのような人は誰一人存在していません。みんなどこかへ消え失せていきました。良くない人間に従う必要はありません。しょうもないパワハラ、セクハラ野郎には、堂々と反発しましょう。

強すぎる正義感は、マウントを取られやすいぐちゃぐちゃ人間に、神様が特別に与えてくれたギフトなのかもしれません。

7 章

それでも心が「ぐちゃぐちゃ」になってしまったときは

「落ち込んだ気持ち」を
立て直すメンテナンス習慣

58 あなたには「あなたに配られたカード」がある

わたしの大好きな言葉があります。

「配られたカードで勝負するしかないのさ、それがどういう意味であれ」

これは、あの可愛らしいスヌーピーの名言です。

ある日、人間の女の子であるルーシーが、スヌーピーにこう言うのです。

「ときどき、私はどうしてあなたが犬なんかでいられるのか、不思議に思うわ」

それに対するスヌーピーの返答。

これにはハッとさせられます。

スヌーピーは、自分が犬であることを受け入れています。**犬が人間より良いのか悪いか、ではなく、そのままの自分を受け入れている。**わたしもそうありたい、といつも思っています。

残念ながら、人は平等ではありません。お金持ちの家に生まれる人、貧しい家に生まれる人、健康に生まれる人、そうでない人。得意なことも苦手なことも、それぞれ人はみんな違います。しかし、どんなに羨ましく思っても、自分に与えられているものを誰かと交換することはできません。

わたしは、自分が、普通の人が簡単にできるアルバイトができないこと、機械音痴なこと、すぐに道に迷うこと、複雑だった家庭環境……など、様々な「少し残念なカード」を持って生まれてきました。

しかし、好きなことにはとことんのめり込めること、目の前の人のことを大好きだと思えること、やろうと思ったことはどんどんやる行動力など、**少し「いいカード」も持って生まれてきました。**

「クラスで一番の美少女」からの言葉

高校生の頃、クラスで一番美人で可愛い女の子に、こんなことを言われたことがあります。

「郁ちゃんみたいな見た目に生まれたら、かわいそう」

あれは体育の授業中でした。心地よい秋晴れの朝でした。

これは、忘れられない名言としてわたしの中に刻まれているのですが、なぜかわたしはこの言葉に全く傷つかなくて、思わず笑ってしまったことを覚えています。

「いいなあ、○○ちゃんみたいになりたかったなあ！」

わたしは、素直にそう答えました。その子は本当に美人で可愛い子だったから、心からそう思えたのです。わたしは、そんな彼女のことが大好きでした。その子はとても純粋な女の子で、発する言葉に棘《とげ》が全くありませんでした。

スヌーピーに、先の言葉を投げかけたルーシーと同じですね。

「自分のカード」を最大限、活かそうとする人は、輝いている

ときおり、わたしは「かわいそう」と言われることがあります。

家庭環境、発達障害といろいろありますから、そう言われるのはわかりますし、不快に思うこともありませんが、**自分自身は、自分のことを「かわいそう」と思ったことがありません。**「もっとこうだったらよかったのになー」と思うことはありますが、それこそ、自分に配られたカードです。

自分のカードを受け入れ、持っているカードを最大限、活かしていくしかないのです。

これは、すべての人に言えることです。どんなにいいカードばかりを持っているように見える人がいても、あくまでそう見えるだけ。**その人が与えられたカードを最大限に活かしているから、素敵に見える**のです。

どんな相手と接するときも、自分を卑屈に思う必要はありません。

誰かと接するとき、もう一度自分が持っているカードを見直してみてください。

「これなら、勝負できる！」

そう思えるカードが、一枚くらいはあるはずです。自分のカードをしっかりと手に持って、どんなに目上の人でも、立場のある人でも、人として対等に接してみてください。

目の前の相手も自分に配られたカードを上手に駆使しながら、生きているのです。

そのカードを、ときにお互い見せ合うことができたら、人付き合いはより深く楽しいものになるかもしれません。

比べず、焦らず、自分のペースで

59

その「不完全さ」は愛嬌です

先日、タレントのぜんじろうさんのトークライブに参加したときのことです。ぜんじろうさんは上岡龍太郎さんのお弟子さんで、上岡龍太郎さんの生前のお話をたくさん聞かせてくださいました。

その中で、とても印象に残ったお話があります。

上岡龍太郎さんは、芸人が売れるために必要なものは、「華と愛嬌《あいきょう》」だと常々おっしゃっていたそうです。**そして、「愛嬌」とは「人間としての不完全さ」なのだと。**

それを聞いているわたしの両眼からは、いつの間にか涙が溢れていました。

わたしは長い間、自分の不完全さに悩んできました。どんなに頑張っても、普通の人のように自然に振る舞えない。完璧な人間になりたいとどんなに願っても、いつもどこかに落ち度がある。部屋をきれいにしたい、と願っているのに、すぐに汚部屋と化す。忘れ物やなくし物、落とし物ばかり。何をしても落ち度だらけで、どんくさいところが多すぎる自分自身にうんざりすることが多々ありました。

しかし、その不完全な姿こそ「愛嬌」といってもらえるならば、わたしにも価値があるのでは……。心に一筋の希望の光が差し、不完全なわたしを認めてもらえたような気がして、涙が止まらなくなったのでした。

「愛嬌は、後から身につけようと思っても身につけられるものではない。持って生まれたものなのだ」

わたしが長年抱えてきた胸の痛みが、消えていった瞬間でした。

「完璧じゃないと愛されない」という思い込み

笑わせるのではなく、なぜか笑われてしまう。「たぬ」と呼ばれたあの頃から、からかわれることが多い人生でした。イジられ続けた人生でした。

でも、上岡龍太郎さんのお言葉を聞いて、イジられることさえも「愛嬌」がもたらしてくれる恩恵なのかもしれない、という新しい考えが湧いてきました。

注目されなければ、誰も興味を示さなければ、人が人をイジることはありません。

これまでずっと、周りから浮かないように、目立たないように、イジられないように「普通」を目指して生きてきました。

完全な人間になりたくて、本来の自分を否定しながら生きてきました。

しかし、上岡龍太郎さんがおっしゃる「愛嬌」が大切とされる世界は、たしかに存在しているのです。わたしがナレーターとして23年間仕事を続けられているのも、「愛嬌」がもたらしてくれたものなのかも……。

発達障害の特性を持つわたしたちぐちゃぐちゃ人間は、普通を目指したってどうせ普通にはなれないのです。**平均的な人間にならなくてもいい**のです。

さよなら、過小評価！　あなたはこんなに素晴らしい

あなたがもし、自分が不完全だと感じて思い悩んでいるとしたら、この言葉を思い出してください。

不完全さは、愛嬌なのです。

あなたが持って生まれた大切な愛嬌です。それは、誰にも真似することができない、あなただけの宝物です。普通の人がどんなに手を伸ばして欲しがっても、あとから手に入れ

ることはできないものなのです。

完ぺきな人は、人から愛されません。

どこか不完全な人に、人は魅力を感じるものです。

助けてあげたくなる。手を差し伸べてあげたくなる。

あなたは、その魅力を持っているのです。


ふと思い返してみると、わたしの周りには愛すべきダメ人間がたくさんいます。

仕事ができるのに、生活がだらしなさすぎる人。

普段真面目なのに、お酒を飲むとめちゃくちゃになる人。

人格者なのに下ネタばかり言っている人。

「仕方のない人やなあ……!」と思いながらも、わたしはそんなダメ人間たちが大好きです。少し欠けた部分こそ、人間的魅力です。

わたしたちはみんな、「そのままの自分」で、愛される

60

「コミュ障」同士は、深くわかり合えることがある

アルバイト募集雑誌などの求人広告。お店の制服姿のバイトさんたちがぎゅうぎゅうに集まって、笑顔でピースしている写真の横には、こんな言葉。

「従業員みんな仲良くて、和気あいあいとした、とても明るい雰囲気の職場です！」

この言葉を目にしたとき、あなたはどのように感じますか？

わあ！　楽しそう！　働いてみたいな！

と思いますか？

わたしは、このような文言を見ると、心に暗いモヤがかかってきます。

そして、ここだけは面接を受けるのはやめよう、とさえ思います。

「みんな仲良し」「和気あいあい」「明るい」

「み」「ん」「な」「仲」「良」「し」…。

わたしにとっては、全てが不安要素でしかない謳い文句です。

そうです。わたしは、完全なる陰キャなので、そんな明るい人たちが楽しそうに集まる場所に馴染める気が到底しないのです。

これは自分だけにしかない感覚だろうな……。

そう思っていたのですが、夫に出会って間もない頃、ふとその話をしたところ、夫は激しく同意してくれたのです。

「そんなところ行きたくないに決まってるやん！　絶対、馴染めへんやん」と。

あ、ここにもいた！

たしかに、わたしと夫は究極の陰キャでありコミュ障なので、少数派かもしれません。

しかし、**少数派だからこそ、「同志よ！！！」と固い握手をし、肩を組み合って歩いていけるような、強い結びつきを感じることができた**のです。

コミュ障同士ならではの、あるある話も後を絶たず、わたしたちは結婚するまでに至ったのですが……（笑）。

夫だけではありません。**わたしが心の深いところで繋がっている人は、わりと、この「自分はコミュ障である」と思っている人が多い**のです。

はたからみると、とても華やかに見え、大活躍しているミュージシャンの友人も、「自分はコミュ障だ」と言い切っています。この本を手に取ってくださったあなたも、もしかしたら「自分はコミュ障だ」と感じているかもしれませんね。

ありのままの自分に「○《マル》」をつけられるヒント

わたしたちぐちゃぐちゃ人間は、自分の苦手を知っています。常に自分と向き合い、人との関係性の築き方や、コミュニケーションにおいて、日々反省を繰り返し続けています。悩まなくていいことまで深く悩んで苦しんでいる人も、少なくありません。

そんな真面目な性格だからこそ、自分を「コミュ障」と認識し、何とか人に迷惑をかけないように、上手に人との関係を築くことができるように頑張っているのです。

「コミュ障」と自覚しているということは、むしろしっかり自己分析をできているということなので、誇りを持ってもいいいことだと、わたしは思います。

わたしは、自分が「コミュ障」であることを公表してから、「自分も人の多い場所苦手なんだよ」「あまり親しくない人と接すると頭が痛くなるよ」などと打ち明けてくれる人がまわりに増えてきました。

たくさんの「ぐちゃぐちゃ仲間」が増えてきているのです。こうしてできた仲間との絆はとても深く、心から信頼できる人たちに出会うことができました。

大人になってから、心開ける友人に出会えるのはとても難しいことですが、「ぐちゃぐちゃ仲間」同士の打ち解け率はかなり高いな、と感じています。

多分、あなたが思っている以上に、ぐちゃぐちゃ仲間はあなたの近くに存在しています。「コミュ障」であることは、何も恥ずべきことではありません。自己分析できる素晴らしい能力です。

思い切って、自分は「コミュ障」だと打ち明けてしまいましょう。

一生涯、深くわかり合える人と出逢うことができるかもしれません。

誰かひとりでも「味方」を見つけると、世界が開けていく

61

「アロマのパワー」を借りる

わたしたちぐちゃぐちゃ人間は、物事を深く考えすぎる傾向にあります。

夜、お布団に入り、その日あったことを思い出し、ぐるぐるといろんなことを考え、眠れなくなってしまうことはありませんか？　これを、脳内多動といいます。

そんなとき、わたしは必ず、アロマオイルで自分の首筋をマッサージするようにしています。ラベンダーの香りに包まれ、優しく首をさすっているうちに、ざわついた心は落ち着いてきます。

アロマの香りを嗅《か》ぐと、香りが鼻から脳に伝わり、自律神経を穏やかにしてくれます。

また、**嗅覚は、視覚や聴覚などの五感の中で、唯一、情動に伝わる**といわれています。

情動とは、「驚きや恐怖、怒りや悲しみなど、一時的で急激な感情の動き」のことです。

「深く考えるな！」と言われても、ぐちゃぐちゃ人間であるわたしたちの脳内多動は止まりません。

ならば別の方法で強制的に頭を切り替えるしかないのですが、その切り替えるスイッチとして、アロマはとても役に立つのです。

ダイレクトに心が整う「便利なアイテム」

また、わたしは仕事に行くときも、アロマスプレーを常備しています。**ナレーションを読む前に、シュッと自分の頭の上に吹きかけることで、スイッチが入る**のです。

仕事のときは、頭がスッキリするレモングラスのアロマを愛用しています。その香りを嗅ぐといい仕事ができる！　と、パブロフの犬ではないですが、脳に刷り込みがされているのでしょう。アロマを使い始めてから、以前より自信を持って仕事に臨むことができるようになりました。

また、飲み会など大人数の会に参加するときにも、会場に入る前に、アロマを自分の周りに吹きかけ、香りで全身を包み込むようにしています。自分の周りに、見えないバリアを張るイメージです。自分の内側に、負の感情や良くないエネルギーを入り込ませないように、おまじないをかけるのです。

わたしは思い込みが激しいタイプですので、「アロマがあれば大丈夫」と思い込んでいるところがあり、みんなに効果があるというわけではないのかもしれない、と思っていたのですが、くわしく調べてみると、実は発達障害の特性を持つ人に、アロマはとても効果があるそうなのです。

発達障害を持つ人は、感覚過敏な方も多く、常に多くの刺激にさらされています。緊張状態が続いていて、自律神経も乱れがち。アロマの香りを嗅ぐことで、心を落ち着けてリラックスする時間を持つことは、心身を共に健康に保つためにとても必要です。

発達障害を持つ子どもたちの療育の現場でも、アロマは有効だとされ、アロマテラピーを取り入れている先生方もおられます。

「好きな香り」で心を切り替える

62

心がぐちゃぐちゃになってきたら、「運動せよ」のサイン

アロマを使っても、切り替えられないほどに心がぐちゃぐちゃになってきたら……。

イヤ、そんな、落ち込んでるときに運動なんて……何を仰るうさぎさん！！！


運動をしてください。


あなたの心の声が聞こえてきそうです。

わたしは、それでもなお、運動をすることをおすすめします。

わたし自身、心がぐちゃぐちゃになると、布団にくるまり、ただひたすら寝て起きてを繰り返したことがある人間です。しかし、だからこそわかるのですが、**人間、じっとしていると、心のぐちゃぐちゃはますます加速していきます。**脳内が激しく動き回り、「自分は一体何をやっているんだ」という罪悪感にも苛まれはじめ、もう何もかもが嫌になってきます。その沼から抜け出すのは、至難の業です。

そんなときこそ、最後の力を振り絞って、運動していただきたいのです。

布団から出てください。動きやすい服に着替えてください。外に出てください。そして、近所を一周、軽く走ってきてください。

これだけで、ぐちゃぐちゃ思考から抜け出すことができます。

強制的に体を動かすことで、脳の多動をストップさせるという強引な方法ですが、実は有酸素運動には、ストレスへの抵抗力を高める効果があるといわれています。

有酸素運動はストレスホルモンであるコルチゾールの分泌のバランスを整えてくれます。ですので、日常的に有酸素運動を生活に取り入れている人は、そうでない人に比べて、ストレスホルモンのコルチゾールの値が上がりにくいという結果もあるそうです。

また、運動をすることで「幸せホルモン」と呼ばれるセロトニンの分泌が活発になり、気持ちが明るくなったり、リラックスできたりするという効果もあります。

「歩くだけ」でも、うつうつ気分が晴れていく

運動はメンタルにとっても素晴らしい効果があることを知ったわたしは、日頃からたくさん歩くように心がけています。

仕事の現場から現場は、2駅程度であれば、電車に乗らず歩きます。万歩計アプリを入

れ、たくさん歩き回って、その歩数を見ては、ひっそりと一人ほくそ笑んでいます。

また時間があるときは、プールにもよく行っています。泳ぐのは得意ではないのですが、自分なりのゆっくりなペースで泳いだり、水の中を歩いたりしているだけで、心が落ち着きます。水の中にいるとなぜかとても落ち着くのは、母親の胎内を思い出すからなのかもしれません。

わたしは運動を日常の中に取り入れ始めてから、心がぐちゃぐちゃになることが少なくなっているのを実感しています。発達障害の自助会でも、運動するとスッキリする、という当事者の方のお話をよく聞きます。

ぜひあなたも、ぐちゃぐちゃになってきたら、布団にくるまるのではなく、運動してください。また、ぐちゃぐちゃになる頻度を少なくするためにも、予防的に、運動を毎日の中に取り入れてみてください。心のぐちゃぐちゃも改善され、健康体も手に入れることができるなんて、最高です！

まずは「一駅歩く」から始めてみよう

63

結局、一番大切なのは、「自分自身とのコミュニケーション」

ここまで、コミュニケーションについてお伝えしてきましたが、実は、コミュニケーションには「攻め」と「守り」という分類方法の他に、もう一つの分類方法があります。

「他者とのコミュニケーション」と「自分自身とのコミュニケーション」です。

本書では、他者とのコミュニケーションにおいて心がけたいことをたくさんお伝えしてきましたが、**実は「他者とのコミュニケーション」よりも大切にしなければならないのは、「自分自身とのコミュニケーション」のほうなのです。**

起きてから夜寝るまでの間、わたしたちはたくさんのことを考えていますよね。何かを体験したとき、人は必ず何かを感じます。**その体験に対する感じ方、捉え方が、その人の人生に大きな影響を及ぼすことになる**のです。

人には思考のクセがあります。それは長い年月をかけて積み重ねたものなので、すぐに変えることはできません。

わたしたちぐちゃぐちゃ人間は、失敗することや叱られることを多く経験しがちといわれています。これまでの人生で失敗続きだった人が、何かに失敗したときに、「次は成功するはずだ！」と思うことは難しいでしょう。

「どうせ自分なんて……」

「自分にはもう無理だ……」

そう考えてしまうのは、当然のことです。

大切なのは、ついそう考えてしまうクセがある自分を知り、そんな自分もまるっと受け止めてあげることです。

そして、できれば受け止めた上で、**自分を褒める言葉を、一日が終わる前に、必ず自分にかけるようにしてほしい**のです。

自分に「よく頑張ったね、お疲れ様」

わたしの祖母は、94歳でこの世を去るその日まで、毎日とても幸せそうでした。とても無邪気で、人生にはいいことしか起こらない、と信じている人でした。

もちろん、実際の祖母の人生は、幸せなことばかりではありませんでした。10代の頃に最愛の兄が病で天に召され、戦争を経験し、お金持ちの家の生まれでのほほんと育っていた祖母は、戦争で財を失い、一気に貧乏に転落しました。最愛の夫にも先立たれ、幸せばかりだったとはいえない祖母の人生。

しかし、祖母のことを思うと、幸せそうな笑顔しか思い出せません。

そんな祖母が毎晩やっていた不思議な行動がありました。寝る前に、三面鏡の前に座り、鏡に向かい、こう言うのです。

「清子ちゃん（祖母の名）、今日も一日頑張ったね！」

これをはじめて見たとき、わたしは大笑いしてしまいました。だっておばあちゃんが、自分の名前を「ちゃん」付けで呼び、自分に話しかけているのですから！（笑）

「何してるの？」と尋ねるわたしに、

「頑張った自分を、毎日褒めてあげるんだよ」

おばあちゃんはそう教えてくれました。

おばあちゃんは、毎日、鏡の中の自分自身に優しく話しかけ、自分を認めることを繰り返していたのです。どんなにつらいことが起きても、いつも幸せそうなおばあちゃんの秘密は、自分への語りかけを習慣にしていたからでした。

おばあちゃんに教えてもらって以来、わたしも寝る前に「郁ちゃん、頑張ったね！」と声をかけるようにしています。

あなたも、騙されたと思って自分に語りかけることを習慣にしてみてください。日々頑張っている自分を褒めてあげてください。認めてあげてください。否定的に考えてしまう自分も、愛してあげてください。

寝る前に「よく頑張ったね！」とつぶやくだけでもいい。肯定的な言葉を、自分にかけてあげるようにしてくださいね。

繰り返しますが、一番大切なのは、自分自身とのコミュニケーションです。**どんなにつらいことがあっても、悲しいことがあっても、人から責められることがあっても、あなただけは、あなたの味方でいてあげてくださいね。**

あなたは、もう十分頑張っています。

自分自身を抱きしめてあげてください。

自分だけは、ずっと「自分自身の味方」であり続ける

column

07

おすすめのアロマのお店

本章の278ページで、アロマのお話をお伝えしました。「郁さんは、どこでアロマのグッズを購入しているの？」と質問されることがあるので、おすすめのショップをご紹介します。

発達に課題を抱えた子どもたちのために開発された道具を扱っているネットストアtobiraco（トビラコ）（http://tobiraco.co.jp）では、発達障害を持つ子どもたちの意見を聞いて開発した療育アロマ精油が販売されています。

わたしの娘は、匂いにとても敏感で、ものによってはアロマの香りを嫌がることがあるのですが、こちらのアロマ精油は「いいにおいがするー！」と喜んでくれます。

是非あなたも、生活の中にアロマを取り入れてみてください。ぐちゃぐちゃな感情を、さっとリセットできますよ。

ちなみに、アロマは男性にも効果があるようで、わたしが寝る前にアロマを使い始めてから、夫の寝落ちスピードは、横になってから3秒、とかなり縮まりました。アロマといびきのコラボレーションを楽しむ日々も、そう悪くはありません。

epilogue

「ありのままの自分で大丈夫」という安心感に包まれるヒント

「出会う人すべてに感謝」したくなるお話

すべての出逢いに意味がある

ここまで、たくさんの人間関係をスムーズにするためのヒントだったり、人の心を動かすハックだったりを紹介してきました。

この本を手に取ってくださったあなたは、きっと、人間関係やコミュニケーションでたくさん悩んできたことでしょう。

時に傷つき、時に涙し、時に地団駄を踏みたいほどの悔しい気持ちを味わい、人との関係がうまくいかない自分自身のことが嫌になったこともあったと思います。

わたしたちぐちゃぐちゃ人間は、相手との関係をより良いものにしたいと、日々考え、頑張っています。

相手の顔色を必死に見て、言外の意味を想像し、相手の言葉を胸の深いところまで入れて受け止め、不器用な自分のコミュニケーション能力に落ち込み、家に帰ると疲れ果ててぐったりと横になる……。

心ない言葉に、切り刻まれるような思いをしたことも何度もあるでしょう。人間関係において、大きな裏切りに遭い、絶望の淵《ふち》に立たされたこともあるかもしれません。もう誰も信じられない。いっそ誰とも関わらずに生きていけたら、どんなに楽だろう……。そんな気持ちに苛まれたこともあるかもしれませんね。

それでも、人間関係をあきらめようとしなかったあなたに、ぐちゃぐちゃ人間のわたしから、大きな拍手を送ります。

傷つくことがあっても──「人とのつながり」を大切に

わたしは「もう誰とも関わりたくない！」と、一人、部屋の中で叫んだことが何度もありました。

それでもなお、人と「いい関係」を築きたい。

そう願ってしまうのは、大好きな人と過ごす時間の素晴らしさを、知っているからです。

人と心がつながる瞬間の感動を、知っているからです。

人と協力して物事を達成したときの喜びを、知っているからです。

誰かと見た夜空の星は、一人で見たそれよりも、とても美しく見えたことを、知っているからです。

「誰か」と励まし合うために

「出会いの数だけ別れは増える　それでも希望に胸は震える」

Mr.Childrenは「くるみ」の曲の中でこのように歌っています。

たくさんの出会いと別れを繰り返しながら、わたしたちは生きています。せっかくなら、新しい出会いに怯《おび》えるより、希望を抱きながら、暮らしていきたいですよね。

人との出会いは奇跡です。激しく言い争いしたあの人も、口うるさくてうっとうしい上司も、隣の席の面倒くさい嫌なやつも、意地悪をしてきたあの人も、この世で出逢うべくして出会った人たちです。

袖振り合うも多生の縁、とはいいますが、何らかの接点を持つ人というのは、世界人口80億人もいる中で、たったの3万人程度と言われています。確率にすると0・000375%。

そんな確率で出会ったのだと思うと、どんなに面倒くさい相手でも、なんだか貴重な人に思えてきませんか？

自分の〝心の声〟に身をゆだねて

人は、人との関係の中でこそ、様々な感情を抱くことができます。喜び、悲しみ、怒り、嫉妬や、憎悪さえも。それを感じることができるのは、人間として生まれたからこその醍醐味《だいごみ》です。あなたの心が、誰かとの関係で揺れ動くのは、あなたが生きている、確かな証《あかし》です。


あなたが泣きたかったら、泣き叫んでもいい。

あなたが逃げたかったら、逃げてもいい。

あなたが腹が立ったら、怒っていい。

まっすぐ相手と向き合って、それでもなお、あなたの気持ちが相手に伝わらなかったとしても、気にすることはありません。自分を責める必要もありません。


すべての人とわかり合うことはできない、ということもまた、人間関係の面白いところなのです。

ただ、どんなときも、あなたの心が何を感じているのか、ということを、見失わないようにしてくださいね。

優しいあなたは、自分よりも相手を最優先に考えてしまうところがあるかもしれません。

しかし、いちばん大切なのはあなたの心です。自分の心を大切にできるからこそ、人の心も大切にすることができるのです。

わたしが本書で一番伝えたかったこと

コミュ力とは、**「自分も相手も大切にする力」**のことです。難しいテクニックなどいりません。不器用でも、おしゃべりが苦手でも、何の問題もないのです。

「自分も相手も大切にする」

わたしが、本書で一番伝えたかった言葉です。

全ての出逢いは、あなたに与えられた宝物です。出逢うべき人に、わたしたちは必要なタイミングで出会っています。

こうしてこのタイミングで、わたしの本を手に取ってくださったことも、必然の出会いです。

わたしも、一筋縄にはいかない人間関係に、もがきまくっているぐちゃぐちゃ人間です。自分に配られたカードを抱きしめて、時には「知らんがな！」とつぶやきながら、何とか口角を上げて、頑張っています。

あなたが人間関係がうまくいかずに落ち込んだときには、そんなぐちゃぐちゃ仲間がたくさんいることを、思い出してくださいね。

すべての出逢いは奇跡です。一筋縄では行かないからこそ、面白い！

これからも、もがきながら、共に歩いていきましょう！

中村郁

中村郁（なかむら・いく）

ナレーター、声優（株式会社キャラ所属）。注意欠如・多動症（ADHD）、自閉スペクトラム症（ASD）併存の診断を受けた発達障害当事者。発達障害の当事者会「ぐちゃぐちゃ頭の活かし方」主宰。幼い頃からADHD、ASDの特性が災いし、過集中や物忘れ、ケアレスミスの多さなどに悩まされ、学生時代は数々のアルバイトをクビになる。また、人とのコミュニケーションに苦手意識があり、就職活動を放棄するなど、自らの「コミュ障」にも苦しんできた。「自分にできる仕事などない」と自暴自棄になるも、偶然が重なり、ナレーター事務所に所属することに。究極のシングルタスクであるナレーターの仕事は、発達障害の特性と相性がよく、「天職である」と確信。「もう絶対にクビになりたくない」という強い思いから、ナレーター技術だけでなく、発達障害の特性を活かした「コミュ力《りょく》」の研鑽《けんさん》にも励み、当意即妙の対応が求められるラジオ番組のDJやテレビのリポーターをも務めるまでに。以来、現在に至るまで23年間、のべ11万5000人のクライアントからの信頼を集め、全国ネットの番組のナレーションやCMナレーションを多数務める人気ナレーターとして、第一線で活躍している。2023年より執筆活動も開始。発達障害についての理解を世の中に広めるため、全国各地で講演活動も精力的に行っている。これまでの著書に『発達障害で「ぐちゃぐちゃな私」が最高に輝く方法』（秀和システム）、『発達障害・グレーゾーンかもしれない人の仕事術』（かんき出版）がある。

発達障害《はったつしょうがい》・グレーゾーン かもしれない人《ひと》のための「コミュ力《りょく》」

2025年３月５日　第１刷発行

著者　中村郁《なかむらいく》
発行者　佐藤 靖
発行所　大和《だいわ》書房
〒112-0014　東京都文京区関口1−33−4
電話　03-3203-4511

ブックデザイン　喜來詩織（エントツ）
イラスト　たかまつかなえ
編集　荻田真理子
校正　鷗来堂
本文印刷　信毎書籍印刷
カバー印刷　歩プロセス
製本　小泉製本
JASRAC　出　2500725-501

 ISBN978-4-479-76164-8
http://www.daiwashobo.co.jp